COMITÉ DE PROTECTION ET DE DÉFENSE
DES INDIGÈNES

Les ILLÉGALITÉS et les CRIMES DU CONGO

MEETING DE PROTESTATION

(31 Octobre 1905)

PARIS

1905

COMITÉ DE PROTECTION ET DE DÉFENSE
DES INDIGÈNES

Les ILLÉGALITÉS et les CRIMES DU CONGO

MEETING DE PROTESTATION

(31 Octobre 1905)

PARIS
1905

MEETING DE PROTESTATION
(31 Octobre 1905)

Les Illégalités et les Crimes au Congo

Le Comité de protection et de défense des indigènes a organisé, le 31 octobre 1905, d'accord avec le Comité Central de la Ligue des Droits de l'Homme, un meeting de protestation contre les illégalités et les crimes commis au Congo.

Une foule considérable remplissait la Salle de l'Hôtel des Sociétés Savantes.

M. Frédéric Passy, membre de l'Institut, présidait.

Il avait à sa droite, M. Paul Viollet, membre de l'Institut, président du Comité de protection et de défense des indigènes, et, à sa gauche, M. Mathias Morhardt, secrétaire général de la Ligue des Droits de l'Homme.

M. Alcide Delmont, avocat à la Cour d'appel, a donné lecture des lettres d'excuses de MM. Clémenceau, sénateur; Ferdinand Buisson, député; Lucien Hubert, député; Tarbouriech, professeur au collège libre des sciences sociales, etc.

Puis M. Kohler, trésorier du Comité de protection et de défense des indigènes, annonce que MM. Armand Brette, Abel Lefranc, professeur au Collège de France, et le résident général Hippolyte Laroche, membres du Comité, ont écrit pour s'excuser de ne pouvoir assister à la réunion. Il lit les lettres suivantes de MM. Ch. Gide, professeur à la Faculté de Droit, le Contre-Amiral Réveillère et Michel Bréal :

« Cher Monsieur,

« Tous mes regrets de ne pouvoir assister à la réunion de demain. Mais je ne rentrerai à Paris que vendredi.

« Il va sans dire que je serai de cœur avec vous en cette circonstance. Nous avions longtemps cru et enseigné que la France avait été plus humaine que les autres pays dans ses procédés de colonisation, mais c'est une illusion chauvine de plus à perdre.

« Votre tout dévoué,

« CH. GIDE. »

« Mon cher Président,

« Je regrette très vivement que l'état de ma santé (et mon âge) ne me permettent pas d'assister au meeting de protestation contre les illégalités et les crimes dont le Congo est le théâtre. Je serai de tout cœur à votre côté.

« C'est une œuvre qui fait le plus grand honneur au Comité de défense et de protection des indigènes.

« Veuillez agréer, etc.

« Contre-Amiral RÉVEILLÈRE. »

« Cher Monsieur et ami,

« C'est au président du meeting de protestation que j'écris.

« Il m'est impossible de venir, mais je tiens à m'associer à vous pour dire l'indignation que provoquent chez moi les horreurs commises au Congo. Peut-être les Belges et les Allemands en font-ils autant ; mais les Allemands et les Belges n'ont pas fait la Déclaration des Droits de l'Homme et n'inscrivent pas les mots de *Liberté* et de *Fraternité* en tête de leurs actes publics. La première République a décrété l'abolition de l'esclavage. Il serait étrange que la troisième la laisse rétablir.

« Avec tout ce qu'il y a chez nous d'esprits libres, nous protestons et nous sommons le gouvernement d'intervenir.

« MICHEL BRÉAL. »

DISCOURS DE M. FRÉDÉRIC PASSY

MEMBRE DE L'INSTITUT

Mesdames, Messieurs,

Deux mots seulement avant de donner la parole aux orateurs inscrits, deux mots pour bien marquer le caractère et le but de cette réunion.

Son but vous le connaissez, c'est d'obtenir de vous, et je ne doute pas que nous ne l'obtenions tout à l'heure, une protestation énergique, au nom de l'humanité, au nom de la France, contre des abominations qui déshonorent la France et l'humanité. Son caractère, il résulte de la présence des personnes qui m'entourent sur cette estrade. Il y a sur cette estrade, et vous allez entendre tout à l'heure, disant les mêmes choses, du moins vous exprimant les mêmes sentiments, plaidant pour la même cause, des hommes qui, dans les circonstances habituelles de la vie, sont souvent séparés par des différences plus ou moins marquées d'opinions ou de croyances, qui quelquefois même, sans manquer à la courtoisie que se doivent des hommes libres, ont été des adversaires. Ces hommes, aujourd'hui, sont ici réunis, en un faisceau, la main dans la main, pour soutenir la même cause.

C'est qu'il y a des causes qui sont supérieures à tous les dissentiments habituels, des causes qui sont à la fois d'intérêt commun, d'intérêt universel, d'intérêt humain, ou plutôt de devoir universel, de devoir humain. La cause de laquelle on vous entretiendra tout à l'heure est une de celles-là.

Il y a, disais-je à l'instant, des faits abominables. Il y a eu dans ces régions lointaines, où les nations européennes prétendent se disputer le privilège de répandre la civilisation, des actes (il y en a encore) qui sont tout autre chose que le développement de la civilisation, des actes qui semblent n'avoir pour but que de semer, avec la haine des nations européennes, leurs erreurs et leurs vices... (*Applaudissements*).

De ces crimes, toutes les nations européennes sont également coupables. Mais nous n'avons pas à nous occuper ici des fautes des autres ; c'est assez de faire notre propre confession et notre propre pénitence-

D'où viennent ces égarements abominables? Est-ce, comme on l'a dit, l'influence du climat, l'isolement, ou n'est-ce pas plutôt, avec des habitudes d'intempérance, qui sont excitées par ce climat, le pouvoir absolu, l'irresponsabilité, et ce détestable préjugé que nous portons tous, plus ou moins au fond de nos cœurs, et qui nous pousse à nous considérer, plus ou moins, individus ou races, comme d'une espèce supérieure à telle ou telle autre catégorie de nos semblables ? Quoi qu'il en soit le mal existe ; il est indéniable. Il a été constaté par des enquêtes officielles ; car les gouvernements et les administrations ont fini par s'en émouvoir. L'une de ces enquêtes, la dernière, a coûté la vie à ce grand homme de bien, à ce conquérant pacifique qui avait donné des territoires immenses à la France, sans jamais avoir porté une main violente sur un seul de ses semblables, Brazza (*Mouvement et approbation*).

Il y a eu des condamnations judiciaires ; il y en aura encore probablement. C'est quelque chose ; ce n'est point assez C'est la punition, la répression tardive et trop souvent insuffisante des crimes du passé. Il faut davantage. Il faut que, par une protestation énergique, par un soulèvement irrésistible de l'opinion publique, vous rendiez impossible à l'avenir le renouvellement de pareils attentats. Il faut, au nom de l'humanité et au nom du patriotisme, que l'on va peut-être nous accuser d'oublier, d'outrager, il faut que vous répudiiez d'une façon définitive des abus qui sont la honte de la civilisation. Non, ce n'est pas, comme vous l'entendrez dire, porter atteinte au drapeau national et l'outrager que de s'apercevoir que des misérables l'ont souillé de sang et de boue. Le patriotisme nous commande au contraire de le laver de ces taches, et de l'en préserver dans l'avenir.

C'est au nom de l'humanité, du patriotisme, que je vous convie, Mesdames, Messieurs, à écouter avec une attention recueillie les orateurs qui vont se faire entendre; à noter dans vos mémoires tous les faits, tous les tristes faits dont il vous feront l'exposé. Et, après avoir, dans un ordre du jour qui vous sera proposé, voté un appel énergique aux gouvernements des nations civilisées, vous porterez autour de vous, dans vos familles, dans vos relations, partout où votre parole peut arriver, l'horreur de pareils méfaits (*Applaudissements*).

DISCOURS DE M. PAUL VIOLLET

MEMBRE DE L'INSTITUT

PRÉSIDENT DU COMITÉ DE PROTECTION ET DE DÉFENSE DES INDIGÈNES

Avant de commencer son discours, M. Paul Viollet s'adresse en ces termes à M. Frédéric Passy :

Cher et très honoré confrère,

Je vous remercie de nous avoir fait le grand honneur de présider cette réunion.

Votre présidence suffit à en dire la nature et le caractère : elle n'est point politique, elle est purement humanitaire.

Infatigable apôtre de la paix, j'entends de la paix honorable, de la justice et de la vérité, vous méritez, vous aussi, et mieux que l'ancêtre illustre auquel je fais allusion, vous méritez un titre que vous ne vous êtes point donné, mais que nous vous donnons, celui d'*Ami des hommes*.

Si les années ont blanchi votre tête, elles n'ont point refroidi votre cœur et vous restez un jeune.

Cette jeunesse de l'âme, cette jeunesse du cœur, nous la voulons toujours garder comme vous.

Mesdames, Messieurs,

Je vous remercie tous d'être venus prêter l'appui de vos talents, de vos caractères, de vos volontés à cette démonstration humanitaire. La cause des faibles a besoin de l appui des forts.

Nos noms, et tout particulièrement ceux des deux orateurs inscrits en tête de nos listes, disent très clairement que cette assemblée est composée d'hommes qui, par leurs opinions religieuses ou antireligieuses, philosophiques, sociales, politiques, appartiennent à des écoles différentes et même entièrement opposées.

Lorsque des Français, divisés par ailleurs d'opinion, très divisés, se groupent dans une pensée commune, dans un sentiment commun, ils démontrent par là même, ils démontrent avant toutes choses qu'il y a encore une France, et que cette France, cette patrie, leur est chère. Où serait la France, existerait-elle encore si sur aucun point, sur aucune question les Français ne pouvaient s'entendre et sentir de même?

De nombreux orateurs vont prendre la parole. Ils exprimeront sous des formes diverses une même pensée. A cette pensée chacun ajoutera sa note personnelle. Quelques-uns nous laisseront peut-être entendre l'écho de leurs convictions politiques et sociales. Le Comité de protection et de défense des indigènes que j'ai l'honneur de représenter ici, et qui compte lui-même dans son sein des hommes appartenant à tous les camps, à toutes les opinions, n'a qu'une chose, une chose unique en vue, et prend ici par ma bouche la responsabilité d'une seule et unique pensée : défense des natifs opprimés ; répression par la justice de tous les crimes commis aux colonies.

Après ce court préambule, voulez-vous me permettre d'entrer *in medias res* et de jeter un coup d'œil sur la question si grave dont nous avons aujourd'hui à nous occuper. C'est une sorte de préface à vos importantes communications que je voudrais ébaucher ici

La puissance guerrière des nations occidentales venait, grâce à des inventions destructives, de faire de gigantesques progrès, lorsqu'une moitié du monde, jusque là ignorée, fut ouverte à notre petite Europe. Tous ceux qui n'avaient point nos armes, sauvages ou civilisés, furent asservis, furent broyés. Un genre de conquête tout nouveau se créa : la colonie. Conquête d'espèce nouvelle, car elle est le résultat, non plus d'un combat heureux qui, engagé entre adversaires de force, sinon tout à fait égale, au moins comparable, pouvait fort bien être un combat malheureux, mais d'une victoire qui en théorie est certaine. Ces victoires-là mériteraient le nom d'écrasement plutôt que de victoire, écrasement suivi trop souvent d'extermination complète ! En d'autres termes, disproportion absolue des forces : telle est la base stratégique, tel est le fondement solide des conquêtes coloniales. Certes, le conquérant dont je parle peut éprouver des mécomptes. Il n'est point infaillible. Il croyait marcher à une conquête coloniale, par conséquent il se croyait placé en dehors des chances ordinaires de la guerre. Il s'est trompé ! — Pareil accident est très rare.

Qu'il me soit permis de rappeler ici qu'au moment même où se créait cette notion nouvelle, cette notion de colonie, il se rencontra, pour l'honneur de l'humanité, quelques âmes généreuses qui s'efforcèrent, avec un courage inlassable, d'atténuer les horreurs de ces conquêtes. Leurs efforts ne furent pas toujours vains.

La colonisation continua, d'ailleurs, de s'étendre sur le monde.

Si nous regardons les choses de haut, sans nous arrêter aux accidents de la route, nous constatons que les nations colonisatrices ont éprouvé jusqu'ici fort peu de déceptions quant à la réalisation assez rapide de leurs convoitises (je ne parle pas ici des désenchantements ultérieurs). Nous pourrions presque aller jusqu'à dire qu'elles n'ont pas éprouvé jusqu'à ces derniers temps de graves mécomptes.

Mais l'heure vient de sonner où les nations européennes s'aperçoivent qu'elles sont brusquement arrêtées, en Extrême-Orient, dans leur marche envahissante. La Chine aujourd'hui est sauvée. Elle ne sera pas, comme l'Afrique, partagée entre les nations européennes. Celles-ci, il y a peu d'années, ne concevaient guère d'autres desseins que de l'opprimer et de se la partager comme un butin. Le Comité de protection et de défense des Indigènes lança, en Mars 1900, contre « ces habitudes de brigandage des gouvernements européens » une énergique protestation (1), protestation qui fut comme prophétique, car le Comité, non content de protester au nom du droit des peuples, signalait aux Européens l'imprudence et le redoutable danger d'une pareille conduite. L'effroyable soulèvement de Pékin survint trois mois plus tard.

Messieurs,

Les colonies se font de deux manières : par conquête, c'est la voie directe ; par protectorat, c'est la voie oblique.

Je voudrais, en ce qui concerne la voie directe, la conquête, signaler et blâmer avec vous, non pas les procédés employés de nos jours dans toutes les conquêtes coloniales, mais les procédés employés, hélas ! quelquefois, employés trop souvent.

Je voudrais ensuite, en ce qui concerne la voie oblique, vous dire par quel procédé l'un de nos protectorats a été récemment transformé, de fait, en colonie. Ce procédé, vous ne l'approuverez pas non plus, j'en ai la certitude.

Quand j'aurai ainsi conduit la colonie jusqu'à son établissement définitif, je dirai un mot du régime colonial considéré en lui-même.

Si je choisis exclusivement mes exemples dans les milieux français, ce n'est pas que je considère les autres nations colonisatrices comme plus hu-

(1) Elle a été publiée dans le *Siècle* du 23 Avril 1900, et dans la *Revue Occidentale*, t. XX, p. 373. Cf. l'*Indépendance belge* des 7, 11, 24 Avril et 2 Juin 1900.

En Février 1901, plusieurs membres du Comité signèrent en cette qualité, avec d'autres citoyens de divers groupes, une protestation contre les massacres et les pillages commis par les Européens en Chine. Cf. le *Siècle* du 15 Février 1901.

maines, plus justes, plus équitables que nous. Oh ! nullement. Mais nous sommes ici entre Français et nous devons tendre à ce que nos efforts aboutissent pratiquement à des résultats. Voilà pourquoi je parle des choses françaises. Il serait, hélas ! bien facile de montrer que les autres nations ou les chefs d'Etat n'ont rien à nous envier.

Je commencerai mon exposé par les faits qui appartiennent à l'histoire de la voie directe, c'est-à-dire à l'histoire de la guerre coloniale. Je choisis, si vous voulez, la guerre africaine.

Je ne me servirai ici que de documents authentiques et parfaitement indiscutables.

Ouvrez l'*Officiel* du 18 Juin 1895 et lisez le procès-verbal de la séance du Sénat du 17: Interpellation Isaac, discours du Ministre des Colonies.

Permettez-moi de saluer au passage ce nom d'Isaac, car il nous est très cher : Isaac, après la mort du vénérable Antoine d'Abbadie, premier président de notre Comité, a dirigé nos travaux pendant plusieurs années. Avec quel dévouement !

Que nous apprennent ces deux orateurs ? Une chose honteuse : à l'ombre du drapeau français l'esclavage se crée. Des femmes et des enfants pris à la guerre, comme on prend des bœufs ou des moutons, sont partagés, sous les yeux de nos officiers entre nos auxiliaires africains. Un ministre confesse ces faits à la tribune et essaie de les justifier !

Les vieux peuples européens ou les Européens devenus Américains prétendent porter par le monde, véhiculer la civilisation. En réalité, ils envoient au loin des pionniers hardis et courageux qui trop souvent se barbarisent au contact des barbares.

Je dis qu'ils se barbarisent.

Avez-vous lu le récit de la prise de Samory en 1898 ?

Je vous en citerai le trait final.

Le narrateur vient de raconter la capture du grand chef. Il continue en ces termes. Je cite textuellement :

« Pendant ce temps, les autres fractions de la

« reconnaissance avaient occupé les diverses parties
« du campement ; les marabouts, chefs de bande
« et griots viennent se rendre successivement. Un
« cavalier est envoyé à Moktar et à Saranké-Mory
« qui se trouvent à 12 kilomètres de là et leur porte
« l'ordre de venir immédiatement faire leur sou-
« mission, sous peine de voir *mettre a mort leur*
« *père et leur mère*. A une heure, ils sont au camp,
« apportant leurs armes et leurs munitions..... »

Vous avez entendu : *mettre à mort leur père et leur mère*.

Ce récit est signé : E. Chaudié (1).

Vous me demandez qui est-ce Chaudié ?

Voici ses titres :

« Inspecteur général des colonies françaises, gouverneur général de l'Afrique occidentale française, officier de la Légion d'honneur. »

Au reste, il est ici simple narrateur, simple rapporteur, mais rapporteur officiel.

Si je ne m'étais pas imposé la loi de ne parler que des choses françaises, je rapprocherais de ces documents français les déclarations de « civilisés », qui, dans des colonies européennes qui n'ont rien de français, annoncent solennellement la résolution de massacrer en masse tous leurs adversaires ; j'appellerais à notre barre une troisième puissance européenne et en quatrième lieu un chef d'Etat. Contre eux tous cette même terre d'Afrique se porte accusatrice de crimes récents ! J'y appellerais enfin les Américains ou mieux les Européens d'Amérique, lesquels sont parfaitement dignes de leurs frères de ce continent.

Oui ! j'ai le droit de le répéter, les colonisateurs travaillent à se barbariser.

Je ne multiplie pas ces citations douloureuses.

J'arrive aux colonies créées par la voie oblique du protectorat, et je me contenterai de vous faire connaître ici un mode de transformation que le Comité de protection et de défense des Indigènes a

(1) *Journal Officiel de l'Afrique occidentale française*, 24 nov. 1898, p. 430, 2e col. *in fine*.

cru devoir hautement blâmer. Il s'agit de la Grande Comore et du sultan Saïd-Ali, notre protégé. Voici en quels termes le Comité écrivit au Ministre des Colonies, le 9 février 1903 :

« Le sultan Saïd Ali, chevalier de la Légion « d'honneur, a été expulsé de son pays en 1893 et « est actuellement interné à la Réunion. Depuis « cette époque, le sultan ne cesse de protester contre « la mesure prise à son égard, mais aucune suite « n'a été donnée à ses diverses démarches. »

De quelle manière le sultan, notre protégé, a-t-il été expulsé ?

« Saïd-Ali, écrivions-nous au Ministre en 1903, « affirme avoir été invité à dîner, le 21 novembre « 1893, à bord du transport de guerre l'*Eure*, par le « gouverneur de Mayotte, avoir été retenu prison- « nier à bord, puis envoyé à Diego Suarez et de là « à la Réunion. »

Le sultan demande tout simplement, soit à re tourner dans son pays, soit à comparaître devant un tribunal français afin de répondre à une accusation d'assassinat qui aurait servi de prétexte à son envoi en exil.

« Nous nous garderons bien, concluait le Comité, « d'entrer dans le fond de la question et de discuter « le plus ou moins de fondement de l'accusation « grave qui semble peser sur le sultan Saïd-Ali, « sans avoir même été formulée ; ce que nous « demandons, c'est qu'il soit autorisé à se défendre.

« Quoi qu'il arrive, nous pensons que la mesure « prise en 1893 est injustifiable et contraire au droit « des gens. »

Le Ministre des Colonies nous répondit, le 14 février :

« Si certains témoignages recueillis à l'époque « par M. Lacassade, gouverneur de Mayotte, ten- « daient à incriminer l'ancien sultan, il n'en a pas « été fait état par mon département et son exil n'a « été considéré que comme une mesure politique « s'imposant par suite des troubles dont son main- « tien sur le trône était la cause ou l'occasion... »

Le Ministre, remarquez-le bien, ne conteste ni directement, ni indirectement la véracité des dires de Saïd-Ali quant au procédé par lequel il a été attiré hors de son pays.

Le Comité ne s'est pas cru en droit de publier les deux mémoires dans lesquels Saïd-Ali protestait contre la mesure dont il avait été l'objet, des personnalités plus ou moins officielles, dont il appartient aux tribunaux d'apprécier la responsabilité, y étant mises en cause.

Mais la lecture de ces documents ne permettait pas au Comité de cesser son intervention. Il écrivit une fois encore au Ministre, le 5 mai 1903, affirmant à nouveau qu'une mesure politique, conséquence vraisemblable d'une appréciation individuelle, ne suffisait pas, en droit et en équité, à justifier l'internement prolongé et sans terme défini du sultan, internement dont le caractère arbitraire a encore été aggravé, s'il est possible, par le procédé employé pour s'emparer de sa personne.

A cette lettre le Comité n'a reçu aucune réponse. Quelle réponse pouvait-on lui adresser ?

Une conclusion nous paraît s'imposer :

Si la présence de Saïd-Ali dans son sultanat donne seulement lieu à des compétitions et provoque des troubles, la France se doit à elle-même de soutenir l'autorité de celui qui l'a appelée sur son territoire et a demandé son protectorat. Si, au contraire, ce sultan a démérité, il faut porter au trône son successeur légitime (1).

Faut-il vous avouer, Messieurs, que j'ai parfois la crainte, l'inquiétude que ce procédé d'un autre âge et qui, à aucune époque, n'a été un procédé français, ne soit pas unique dans notre récente histoire coloniale ?

Behanzin, ce roi nègre captif, qui demande à juste titre un sort plus doux, Behanzin n'aurait-il pas été, lui aussi, victime d'une surprise inavouable ?

Voici ce qu'il écrivait, le 10 octobre 1902, à M. Gerville-Réache :

---

(1). Cf. *La situation des indigènes aux Comores*, Paris, 1904, 17, rue Cujas (publication du Comité de protection et de défense des indigènes).

« Monsieur le Député, vous n'ignorez pas que, « lorsque de ma propre initiative, je me rendis au« près du colonel XXX (un nom propre), je lui de« mandai spontanément de me conduire en France « pour conférer avec le chef de l'Etat et éclaircir le « malentendu dont j'étais victime. Je croyais donc « me rendre en France pendant que j'étais dirigé « sur la Martinique. »

M. Gerville-Réache ne démentit point cette assertion. Il répondit au roi captif qu'il transmettait sa lettre au gouvernement de la République, et il ajoute, s'adressant à Behanzin, quelques mots très profondément sentis, que je suis heureux de reproduire ici :

« Je serai d'accord avec tous les Français pour « demander d'ores et déjà d'adoucir les vieux jours « d'un vaincu par les mesures les plus bienveillantes « qui sont en son pouvoir. » (1).

Tout récemment, le roi nègre a fait encore une fois parvenir jusqu'à nous cette même assertion si grave, si inquiétante, au sujet de l'initiative prise par lui et du voyage qu'il avait cru faire en France pour conférer avec le chef de l'Etat (2).

Qu'il me soit permis d'ajouter ici une observation personnelle. J'ai relu tout récemment les journaux du temps, chose facile pour moi, car, pendant l'année 1893, je découpais et je classais les dépêches et les nouvelles qui filtraient sur le compte de Behanzin à travers la presse. Eh bien, Messieurs, il est de mon devoir d'affirmer que ces dépêches rendent à mes yeux très vraisemblable le dire du pauvre roi nègre, dire bien cruel pour nous.

Mais je n'insiste pas sur les procédés par lesquels les nations colonisatrices savent se faire des colonies.

J'arrive au régime intérieur de ces colonies. Je l'examine en lui-même.

Ce qui le caractérise d'une manière générale, c'est

(1) L'*Eclair* du 28 octobre 1902.

(2) Le *Matin* du 13 septembre 1905.

la suppression du droit commun, c'est l'établissement d'un droit d'exception.

Ce droit d'exception est libellé et distribué méthodiquement par articles dans les décrets d'indigénat. A ces décrets s'ajoutent, tantôt pour les appliquer, tantôt pour les violer, les arrêtés des gouverneurs.

Deux choses attirent surtout mon attention dans ces décrets : le droit d'interner sans jugement les natifs; le droit de séquestrer leurs biens. Séquestrer, dans les colonies, est ordinairement synonyme de confisquer ; interner très souvent synonyme d'emprisonner ou de condamner aux travaux forcés.

Le désir de diminuer, d'amoindrir ces brutalités est manifeste dans quelques décrets d'indigénat tout récents. L'abolition du régime de l'indigénat a même été proclamée en Cochinchine (1), et le Comité se félicite d'avoir contribué à cette décision (2). Je dois malheureusement ajouter que nous recevons d'Extrême-Orient des nouvelles qui nous font craindre que l'amélioration obtenue ne soit sérieusement menacée.

Mais laissons de côté le cas spécial de la Cochinchine. Les décrets d'indigénat récents, décrets adoucis, demeurent formidables.

Vous en jugerez.

Je lis celui du 21 novembre 1904, relatif à l'Afrique occidentale française.

L'internement des indigènes non justiciables des tribunaux francais et le séquestre de leurs biens « ne pourront en aucun cas être prononcés pour « une durée supérieure à dix ans. »

Pour quels faits ces mesures extra-judiciaires pourront-elles être prises ? Rien de plus vague, rien de plus élastique que certaines expressions du libellé adopté :

« L'internement et le séquestre ne pourront être « ordonnés que pour faits d'insurrection contre

(1) Décret du 6 janvier 1903.

(2) Lettre du Comité au Ministre des Colonies, en date du 12 février 1902. Cf. le *Petit Temps* du 6 Mars, le *Bloc* du 8 mars. Réponse du Ministre en date du 17 Mars. Cf. le *Temps* du 12 avril, le *Siècle* du même jour.

« l'autorité de la France, de troubles politiques « graves ou de *manœuvres susceptibles de compro- « mettre la sécurité publique et ne tombant pas sous « l'application des lois pénales ordinaires* ».

Toute mesure de ce genre doit être prise par arrêté du gouverneur en conseil de gouvernement, sur la proposition du lieutenant gouverneur compétent et l'avis du procureur général. Dans les mêmes conditions et pour les mêmes faits, une contribution peut être imposée aux villages et aux tribus (1).

Tel est, en ce qui concerne l'Afrique occidentale, ce qui a été fait de plus doux.

Ainsi, sous prétexte de *manœuvres susceptibles de compromettre la sécurité publique* — que peut-on imaginer de plus vague, de plus élastique ?, — sous ce prétexte si facile à forger, tout indigène peut être privé de ses biens et de sa liberté. Et cela sans être interrogé, sans être entendu, sans pouvoir se défendre ou se faire défendre !

Un décret d'indigénat plus ancien (1897), mais toujours en vigueur, vaut la peine d'être signalé. Il concerne la Nouvelle-Calédonie. Ici, nulle restriction n'est apportée au pouvoir souverain du gouverneur siégeant en conseil privé. Il est maître absolu de la personne et des biens de ses sujets. Aucune limite quant à la durée de la peine. Aucune spécification de délit : « L'internement des indigènes non ci « toyens français et de ceux qui leur sont assimilés, « ainsi que le séquestre de leurs biens, peuvent être « ordonnés par le gouverneur en conseil privé ».

Bien entendu, l'indigène n'est ni entendu, ni défendu.

La seule garantie à laquelle on ait songé est celle-ci : « Les arrêtés rendus à cet effet sont soumis à « l'approbation du Ministre de la marine et des co- « lonies. »

« Ils sont provisoirement exécutoires ».

Ce droit de séquestre perpétuel sur les biens, séquestre prononcé sans débat, est accompagné en Nouvelle-Calédonie du droit permanent de « fixer « la délimitation de chaque tribu ».

(1) *Journal officiel* du 30 novembre 1904, p. 7059.

Rien de plus simple que l'exercice de ce droit: une commission, qui pour la forme a dû convoquer le chef de la tribu et lui demander son avis, dresse un procès-verbal et décide que telle réserve indigène sera formée désormais d'une superficie de...... Grâce à ce système, les décisions qui ont pu être prises antérieurement, décisions en vertu desquelles les réserves indigènes avaient telle et telle étendue, sont incessamment soumises à révision, au gré des amateurs blancs de bonnes terres fécondées et cultivées par les indigènes. Des villages entiers peuvent ainsi être expropriés d'un trait de plume. Un gouverneur, s'il est en veine de générosité, accordera, en prenant 100 hectares, 75 fr. d'indemnité pour le transfert du village et le trouble causé. Moins bien disposé, il s'emparera purement et simplement de telle réserve ou de telle partie de réserve, en expliquant que ces terres font retour au domaine. L'euphémisme « reprendre » couvre d'invraisemblables spoliations.

Ces expropriations qui, dans un pays où la bonne terre n'est pas abondante, aboutissent à l'anéantissement des natifs, sont d'autant plus faciles à réaliser que le géomètre, chargé de déterminer ce qui est domaine et ce qui est réserve, a pu légalement considérer comme domaine des villages et des cultures, propriétés séculaires qui se trouvent ainsi, sans que les intéressés le soupçonnent, transformées en jouissances précaires.

Le Comité de protection et de défense des Indigènes a dressé le sinistre tableau des spoliations de ce genre effectuées pendant une courte période de treize mois: Janvier 1899 à Janvier 1900 (1). C'est un spécimen effrayant du régime auquel est soumise la malheureuse population canaque.

Tout récemment encore, les terres d'un chef très dévoué à la France furent convoitées. On fit entendre à ce chef que les deux *villages* où sa tribu était installée, vous entendez bien les *villages*, étaient placés sur des terrains du domaine de l'État. Lui, se

---

(1) *Spoliation des indigènes de la Nouvelle-Calédonie, Mémoire du Comité de protection et de défense des indigènes*, Paris, 1901, rue Cujas, 17, p. 14 et suiv.

lamenta, se récria. Comme c'était un vieil et fidèle ami des Français, l'administration voulut se montrer conciliante. Que trouva-t-elle? Elle proposa à son ami cette transaction : Gardez vos villages, mais cédez-nous la même quantité de terrain sur vos réserves.

En d'autres termes : Nous voulions prendre des terrains à droite ; nous sommes bons princes, nous les prendrons à gauche.

Kaké — c'est le nom du chef — n'entendit pas de cette oreille. Il n'accepta pas la proposition.

Dès lors, l'administration française usa de son droit : « Les villages furent évacués » — ce sont les termes d'une lettre ministérielle. — Mais les scènes de l'évacuation ne sont pas décrites.

Cependant, voyez, Messieurs, à quel point l'administration coloniale reste soucieuse de récompenser un chef fidèle. Sans doute, elle a dû prendre à cet ami de la France les deux villages de sa tribu. « Mais — je copie toujours la même lettre ministé-
« rielle — loin de méconnaître les services rendus à
« notre cause par Kaké, l'administration locale lui a
« toujours témoigné les plus grands égards, et s'il
« l'avait voulu, il aurait pu garder, par le moyen qui
« lui était offert, l'emplacement de ses villages. A sa
« mort, le gouverneur s'est fait représenter à ses
« obsèques, et des dispositions ont été prises pour
« que celles-ci fussent décentes et en rapport avec le
« passé et le rang du défunt ».

Délicieuse attention ! Le spoliateur enterre avec décence sa victime !

Au Congo, le droit au sujet des réserves n'est pas aussi élastique et aussi large. Le décret fondamental du 28 Mars 1899 proclame l'intégrité des réserves indigènes. Le Comité de protection a démontré récemment dans deux lettres adressées au Ministre des colonies que cette loi fondamentale était savamment éludée ou mieux violée par l'arrêté du commissaire général du gouvernement au Congo, en date du 9 octobre 1903. La disposition de cet arrêté la plus invraisemblable en même temps que la plus contraire aux principes élémentaires du droit et de l'économie politique est celle qui limite l'activité du malheureux noir et la productivité de son sol. Le terrain qui lui est laissé est condamné de par le commissaire général à produire un tiers en moins que la même superficie faisant partie des terres concédées à une des compagnies financières et agricoles qui exploitent le Congo. Cette énormité est mathématiquement formulée dans l'arrêté sur lequel nous avons à deux reprises appelé toute l'attention du ministre des colonies (1).

Je viens de mentionner ces compagnies concessionnaires du Congo qui font en ce moment beaucoup trop parler d'elles. Qu'il me soit à ce propos permis de rappeler l'énergique protestation que le Comité de Protection et de Défense des indigènes formula en 1896 contre les « compagnies à charte » (2). L'événement ne nous a-t-il pas cruellement donné raison ?

Je viens, Messieurs, de vous signaler quelques-unes des iniquités illégales qui pèsent sur nos sujets ou sur nos protégés.

Je viens de fatiguer votre attention ; et cependant je n'ai pas parlé encore d'une bien singulière anomalie qu'aucun législateur, encore moins, aucun administrateur n'a jamais systématiquement organisée, préparée, je me le persuade du moins et qui cependant existe dans un bon nombre de nos colonies.

Nos sujets de Madagascar, de la Nouvelle-Calédonie, du Congo et de plusieurs autres colonies sont réputés français, non pas citoyens français. Dans le monde romain, le vaincu pouvait être élevé au rang de citoyen romain : le Malgache, le Soudanais, le Canaque, ne peut, dans l'état actuel de la législation, devenir citoyen français.

---

(1) Les lettres du Comité, en date du 2 Mai et du 12 Octobre 1905, ont été publiées dans l'*Européen* du 13 Mai et du 21 Octobre ; dans le *Rappel* du 20 Mai et du 19 Octobre 1905. Les lettres du Ministre au Comité ont été publiées dans l'*Européen* du 27 Mai et du 21 Octobre. Cf. le *Rappel* du 21 Mai et du 19 Octobre, le *Petit Temps* du 20 Mai et le *Temps* du 23 Mai 1905.

(2) La lettre du Comité est datée du 23 mai 1896. Voir le *Soleil* du 13 juin 1896, la *Justice* du 1er juillet, le *Moniteur universel* du 14 juin, le *Moniteur de l'Algérie* du 7 juillet, etc.

Comment cela ? me direz-vous. Voici. Ce Malgache, ce Soudanais, ce Canaque est français. Or, le décret relatif à la naturalisation dans les colonies (7 février 1897) ne vise que les étrangers : ceux-ci peuvent devenir citoyens français ; le Soudanais étant malheureusement déjà français ne peut, lui, devenir citoyen français. Vous entendez bien : un Russe, un Allemand, un Grec, établi à Madagascar, par exemple, peut devenir citoyen français. Le Malgache ? Non.

Et pourquoi ?

Délicieuse raison légale, que j'ai déjà indiquée : l'indigène est déjà français (mais français inférieur) ; le Grec est étranger : c'est ce qui fait sa supériorité.

Je ne plaisante pas, Messieurs. Tout cela est rigoureusement exact. Examinez la situation d'un docteur malgache de la Faculté de médecine de Paris : je sais, pour ma part, deux Malgaches qui possèdent ce diplôme, conquis par un sérieux et solide travail : je ne serais nullement surpris qu'il y eût plusieurs autres Malgaches pourvus de ce grade. Admettez un instant que l'un de ces hommes de science, de formation toute française, ait rendu à la France, à la colonie, les plus signalés services. Il demande la pleine naturalisation. Malgré toute la bonne volonté de l'administration française, il ne pourra pas l'obtenir. A côté de ce Malgache français, un Allemand, un Anglais, un Espagnol, un Russe, un Italien ou un Grec a fait tranquillement sa fortune à Madagascar. Il sera très facilement, s'il le désire, citoyen français.

La législation actuelle, législation qui s'est faite, pour ainsi dire, toute seule, sans que personne, j'aime à me le persuader, l'ait pensée, l'ait voulue, est telle.

Dura lex ! Loi dure, loi aussi absurde que dure ! Les plus parfaites sottises et iniquités législatives ne sont pas toujours celles dont le législateur a la responsabilité directe.

Cette infériorité des Malgaches dans leur propre pays vis-à-vis non seulement des Français de France ou des nègres de la Réunion, mais vis-à-vis même des étrangers, est bien douloureuse à une foule d'autres points de vue. Elle est notamment inscrite en toutes lettres dans le décret du 20 février 1902, relatif aux mines.

C'est, d'ailleurs, le fait constant dans nos colonies nouvelles. La population y est divisée en deux classes : classe ou race supérieure, Européens ou assimilés ; classe ou race inférieure, indigènes ou assimilés ; ils sont corvéables ou taillables à merci.

A Madagascar, le gouverneur regrettait, il y a peu d'années, le croirait-on ? qu'on eût laissé aux indigènes le droit de se faire représenter et défendre devant nos tribunaux par des avocats français (1) ? Hélas ! En telle autre colonie que je pourrais citer, on n'a pas souvenir, me disait un magistrat qui y a exercé les fonctions judiciaires plusieurs années, on n'a pas souvenir qu'un indigène ait jamais osé porter sa cause devant le tribunal.

Je m'aperçois, Messieurs, que je m'arrête trop longtemps sur les documents officiels déjà si suggestifs. Et pourtant, je n'ai fait qu'effleurer le sujet ; j'ai à peine visé et les impôts effroyables, parmi lesquels l'odieuse et cruelle gabelle que nous avons établie en Extrême-Orient, les corvées inhumaines qui ont décimé notamment certains centres malgaches. — Que dis-je : Décimé ? — Ce mot, hélas ! est bien éloigné de l'effroyable vérité.

Que de fois le Comité a assiégé le Ministre de ses douloureuses objurgations ! (2).

Messieurs, je viens de parcourir décrets, arrêtés, rapports de gouverneurs. Ce ne sont encore que les écriteaux qui ornent la façade du domaine colonial. Si je voulais pénétrer très avant dans ce domaine lui-même et y circuler avec vous un moment, nous ferions des rencontres aussi affreuses qu'inattendues.

---

(1) Gallieni, *Rapport sur Madagascar*, dans *Journal Officiel* du 21 mai 1899, pp. 3355, 3356 *in fine*, 3357, 2ᵉ col.

(2) En 1898, en 1899, en 1900, le Comité réclame la cessation des abus de toutes sortes dont souffrent les Malgaches : corvées effroyables, impôts écrasants, confiscation, etc. Cf. l'*Autorité* du 31 Décembre 1898 et du 1ᵉʳ Janvier 1899, le *Siècle* du 1ᵉʳ Janvier 1899, le *Soleil* du 19 Mai 1899, le *Siècle* du 28 Mai 1899. Le régime des corvées a été adouci à Madagascar, mais la situation générale reste épouvantable. Cf. le *Signal* des 7, 11, 20, 28 Octobre 1905.

Quelques-uns des orateurs que nous allons entendre nous aideront à faire cette douloureuse exploration intérieure. Je me contenterai quant à moi d'une rapide indication relative à l'esclavage.

D'après un arrêt récent de la Cour de cassation, il n'existerait pas dans nos lois de disposition permettant de punir la traite des esclaves à terre. Et, à cette occasion, un journal très autorisé nous fait savoir que ce vide sera prochainement comblé : le ministère des colonies prépare, à cet effet, un projet de loi et le déposera dès la rentrée des Chambres. Voilà un projet de loi qui, certes, n'a rien de prématuré ! Aussi bien, ajoute-t-on, dans ces dernières années, le gouverneur général de l'Afrique occidentale s'est efforcé, par toutes les mesures en son pouvoir, de détruire l'esclavage dans l'immense domaine qu'il administre (1).

Fort bien ! Mais dans un autre gouvernement, l'esclavage a été, non pas importé, mais créé de toutes pièces, il y a peu d'années. Notre Comité a signalé au ministre un acte en vertu duquel des libres, hommes, femmes et enfants, dont nous avons les noms, ont été avec l'approbation formelle de l'autorité locale française faits serfs ou mieux faits esclaves, eux et leur postérité (2). De cet acte de 1899 nous n'avons pas au Comité de nouvelle très récente. Nous n'avons pas appris jusqu'ici qu'il ait été annulé, ni que les familles aient été rendues à la liberté.

J'ai dit liberté ! Hélas ! quelle liberté, celle d'un Canaque, d'un Malgache ou d'un Congolais ! Un des orateurs que nous allons entendre, M. Chastand, écrivait en toute vérité et sincérité, il y a deux jours :

« A cette heure, si vous demandez aux Malgaches

---

(1) Le *Temps* du 21 Octobre 1905.

(2) L'*Européen* du 2 Août 1902 (article de M. F. Lot) ; l'*Européen* du 29 Novembre 1902 (lettre adressée le 25 Octobre 1902 par le Président du Comité de protection et de défense des indigènes au Ministre des Colonies) ; la *Grande Revue* du 1er Janvier 1903 (article de M. Nouët) ; *Un scandale colonial : le rétablissement de l'esclavage sous la forme d'un contrat administratif*, Nouméa, 1902.

« s'ils sont heureux de l'abolition de l'esclavage à « Madagascar, ils sourient et vous répondent :

« Avant la conquête, quelques-uns seulement « d'entre nous étaient esclaves, maintenant nous « le sommes tous » (1).

Ah ! si les vaillants *Amis des noirs* qui, à la fin du règne de Louis XVI, préparaient la libération des esclaves, pouvaient revenir parmi nous, quel ne serait point leur étonnement, quelle ne serait point leur indignation !

Quand je songe aux crimes effroyables commis en Indo-Chine par un fonctionnaire qui, il est vrai, en se donnant la mort a fui le châtiment, mais dont les « travaux » ne semblent pas avoir été matériellement possibles dans l'isolement et le mystère, sans complicité et sans qu'aucune responsabilité soit engagée ;

Quand je songe aux crimes qui sur certains trajets de la malheureuse Afrique, sont l'affreux accompagnement du portage, crimes sur lesquels le Comité, dès les années 1898 et 1899, appelait l'attention des ministres, crimes contre lesquels j'ai eu l'occasion de protester encore à plusieurs reprises l'année dernière ;

Quand j'ouvre certains journaux d'Extrême-Orient;

Quand je lis certains articles signés des noms les plus autorisés dans notre pays ;

Quand je vois des députés, des sénateurs se porter publiquement accusateurs et en même temps la justice de mon pays reprendre, après un insolite effort, sa coutumière inaction ;

Je me dis quelquefois qu'à cette inaction, si elle se prolongeait, je préférerais en vérité une mesure plus franche qui se pourrait énoncer en ces termes :

Abolition pure et simple du Code pénal dans les colonies au regard des crimes commis par les Européens sur les indigènes.

Ce serait plus net.

Que sais-je ? Il ne serait peut-être pas très difficile, en employant des expressions plus diplomatiques, de faire doucement pénétrer cette doctrine dans

(1) Le *Signal* du 28 Octobre 1905.

quelque convention internationale sur la question coloniale. De bons rédacteurs sauraient habiller le monstre de la parure humanitaire qui, en ces circonstances, est de rigueur.

La nouvelle conférence internationale qui aurait la gloire de trouver le libellé convenable serait-elle après tout autre chose que la suite et la continuation naturelle de la célèbre conférence qui naguère procéda au partage de l'Afrique?

Quant à nous, Messieurs, c'est précisément contre cette doctrine, latente à la vérité mais vivante, de la suppression du droit pénal dans les colonies et *a fortiori*, plus généralement et plus simplement, de la suppression du droit, que nous protestons ici.

Oh! sans doute, pareille doctrine n'est formulée nulle part, mais elle se cache, elle se dissimule au fond des consciences, au fond des âmes de bien des civilisés.

Nous avons, nous, d'autres principes et d'autres vues. Nous pensons avec M. Rouanet que « la cruauté, « la cupidité et les exactions ne fondent rien » (1).

Je conclus:

Pour les colonisés, pour les protégés nous demandons le droit commun.

Oh! le droit commun élémentaire, les droits primordiaux de l'homme.

Nous réclamons pour ces pauvres gens le droit à l'existence, le respect des propriétés, la liberté individuelle.

Nous demandons, enfin, que tous crimes commis en pays colonisés, en pays protégés, en pays explorés soient déférés à la justice.

Messieurs,

Il y a quelques années, des Français courageux, appartenant à tous les camps, à toutes les opinions, s'efforcèrent de briser un silence criminel, le grand silence arménien.

Notre devoir aujourd'hui est de briser d'autres

(1) L'*Humanité* du 25 Octobre 1905.

silences, tout aussi coupables, le silence africain, le silence asiatique et d'autres silences encore (*Applaudissements prolongés*).

M. Frédéric Passy donne ensuite la parole à M. Mathias Morhardt pour lire le discours de M. Francis de Pressensé, président de la Ligue des Droits de l'Homme, retenu chez lui par la maladie.

M. Mathias Morhardt s'exprime en ces termes :

Citoyennes et Citoyens,

Ainsi que vous le savez tous, M. Francis de Pressensé est retenu à la chambre par une congestion pulmonaire depuis plusieurs semaines. Fort heureusement l'état de sa santé ne doit pas nous alarmer. Même, jusqu'au dernier moment il a espéré pouvoir venir ce soir prendre la parole ici au nom de la Ligue des Droits de l'Homme. Il regrette très vivement d'en avoir été empêché et m'a chargé de vous lire, en son nom et au nom de la Ligue des Droits de l'Homme, le discours qu'il devait prononcer.

Avant toutefois de vous donner lecture de ces quelques pages, je tiens à m'associer, au nom de la Ligue des Droits de l'Homme, à l'hommage ému que M. Paul Viollet, président du Comité de protection et de défense des indigènes, a rendu à notre président de ce soir. Je dois exprimer notre profonde reconnaissance à M. Frédéric Passy, ce doyen des luttes pour la paix, pour le droit et pour la vérité, d'être venu lutter encore ici ce soir pour la justice, pour l'égalité et pour les principes inviolables de la Déclaration des Droits de l'Homme (*Applaudissements*).

DISCOURS DE M. FRANCIS DE PRESSENSÉ

DÉPUTÉ DU RHÔNE
PRÉSIDENT DE LA LIGUE DES DROITS DE L'HOMME

Citoyens,

J'éprouve un vif regret de me voir encore hors d'état de participer en personne à la réunion de ce soir. J'aurais voulu joindre ma voix à celles qui s'élèveront pour flétrir les crimes commis dans nos colonies et pour susciter un mouvement de nature à y mettre un terme, à les châtier et à en empêcher le renouvellement. Vous me permettrez du moins de vous présenter brièvement, par l'intermédiaire d'un ami, quelques-unes des principales observations que j'eusse souhaité vous soumettre en personne.

La mission de Brazza avait été provoquée par le scandale grandissant de certaines révélations que l'on n'avait pu étouffer. Ceux qui ont intérêt à garder le silence et à faire l'obscurité sur ces choses douloureuses ont repris confiance et espoir quand Brazza est mort, victime de son dévouement. (*Applaudissements*). Bien loin que cette fin héroïque et qui scellait en quelque sorte l'œuvre de Brazza ait fait taire les coupables, on les a vus se livrer sur cette tombe à peine fermée à d'indécentes manœuvres, frapper de suspicion un témoignage que son auteur ne pouvait plus défendre, mais qui n'en devenait, aux yeux de tous les gens de cœur et de sens, que plus sacré, et enfin oser prendre l'offensive contre celui qui avait donné sa vie pour faire la lumière dans ce sombre drame. Le Ministre des Colonies à eu la faiblesse de céder à cette intrigue impudente .(*Vifs applaudissements*). Il a commis la double faute de renverser les rôles, de traiter en accusé le ministère public qu'il avait lui-même investi de sa mission — et de charger d'une enquête souverainement déplacée et inconvenante en soi, quelques - uns de ceux qui peuvent, dès demain, être appelés à leur tour à la barre de l'opinion et qui, malgré la meilleure volonté du monde, ne peuvent pas ne pas se sentir solidaires du collègue soumis à leur examen. Un instant on a pu craindre que la conspiration du silence ne fît triompher la cause scélérate. La courageuse initiative de mon collègue et ami Rouanet a suffi à écarter ce péril et cette honte, et si j'ai été fier et heureux de voir que c'était un socialiste qui prenait en main la défense de l'humanité outragée, ce m'est un réconfort d'un autre genre de constater que des hommes de tous les partis, des modérés comme des radicaux et des catholiques comme ce Paul Viollet (*applaudissements*) que l'on est sûr de trouver chaque fois qu'il s'agit de droit, de justice et de liberté, avaient entendu la voix de leur conscience et s'étaient jetés dans la bataille.

C'est qu'il ne s'agit point d'une question de parti, mais de quelque chose de plus haut et de plus impérieux. Nous sommes de ces Français qui ne se consoleraient pas de voir ternir le nom du pays de la Révolution et des Droits de l'Homme. Nous sommes de ces Français dont le patriotisme ne se sépare pas de l'amour de la justice ; qui ne croient pas que la patrie puisse être servie par la violence, le crime et la fraude; qui ne pensent pas qu'il puisse être de l'intérêt d'une politique coloniale de violer tous les droits, mais qui, s'il leur était démontré qu'il faut opter entre une grandeur matérielle obtenue par de tels moyens et l'abandon de possessions si chèrement achetées, n'hésiteraient pas un instant, au risque de se faire dénoncer par les soi-disant réalistes, à dire bien haut : Périssent les colonies plutôt que de payer un tel prix un empire colonial ! Nous savons très bien que la France n'est pas seule à porter la responsabilité de ces attentats contre l'humanité. Tous les pays conquérants ont commis ou commettent de tels abominations. A cette heure, le roi Léopold est en scandale au monde civilisé par la froide cruauté de son administration de l'Etat dit *libre* du Congo ; l'Allemagne recueille dans les révoltes de l'Afrique occidentale et de l'Afrique orientale le juste fruit de ses odieuses pratiques ; la Hollande, depuis un demi-siècle, soutient à Atchin une guerre qui est la Némésis de semblables forfaits; l'Angleterre a frémi à la révélation des atrocités dont sont victimes les indigènes de l'Australie occidentale. (*Applaudissements*) Tout cela est vrai : mais nous sommes de ceux qui pensent qu'il appartient avant tout aux citoyens de chaque pays de dénoncer les fautes dont leur propre nation est responsable et dont leur lâche silence les rendrait solidaires. Il nous déplait de pratiquer la méthode chère aux nationalistes qui s'époumonnent à flétrir comme sans excuse chez les autres les actes qu'ils recommandent comme héroïques ou défendent comme innocents chez eux. Et puis enfin, s'il est vrai que noblesse oblige et que la France de la Révolution est tenue plus que tout autre pays à ne pas se souiller de tels abus, comment oublier *qu'en fait* les autres nations ont accompli leur devoir à cet égard; que ce sont des Belges qui mènent la campagne contre le cynique souverain du Congo; que l'Angleterre du XVIIIe siècle, avec Pitt, Fox, Burke et Shéridan, s'unit pour poursuivre les crimes de Warren Hastings, qui avait pourtant contribué à faire à son pays le royal cadeau des Indes; que l'Allemagne de Guillaume elle-même a réprouvé les sauvageries d'un grand *conquistador* africain, le docteur Peters; qu'en Hollande, la plume vengeresse de Multatuli a cloué au pilori les malfaiteurs coloniaux.

Il nous appartient donc, et comme hommes, et comme Français, et comme fils de la Révolution, de mener le combat contre les atrocités coloniales jusqu'à ce qu'elles aient cessé de nous déshonorer et de préparer des revanches qui, pour justes qu'elles puissent être, n'en seraient pas moins affreuses. D'autres vous rediront en détail, ce soir, l'histoire de ce martyrologe des races dites inférieures. Ils vous montreront que ce n'est pas seulement les noirs d'Afrique, que c'est aussi les indigènes de Madagascar, ceux de l'Indo-Chine qui ont à supporter les intolérables excès d'un régime d'arbitraire, d'exploitation et d'anarchie. Pour moi, je me contenterai de résumer à grands traits ce tableau et d'indiquer sommairement ce que nous demandons, ce que nous exigeons, ce que nous arracherons à tout prix pour mettre un terme à cet état de choses.

1°. — *L'autorité* est radicalement mauvaise en pays colonial, parce qu'elle n'émane à aucun degré de la population, parce qu'elle n'est soumise à aucun contrôle effectif, parce que sa responsabilité n'est qu'une plaisanterie. Tant qu'on confiera, loin de toute surveillance, en dehors de toute action possible de l'opinion, à des jeunes gens frais émoulus de l'Ecole, un pouvoir illimité, un droit de vie et de mort, dans des circonscriptions grandes comme des Etats européens, sur des hommes appartenant à une autre race, il faut s'attendre non seulement aux coups de folie de *l'Africanite*, aux aberrations individuelles, mais à un *système* de caprice, de tyrannie, de meurtre, de rapine et de viol.

2°. — L'autorité a jugé bon de remettre un démembrement de l'omnipotence qui est déjà si dangereuse entre ses mains à des concessionnaires, compagnies ou particuliers, et à leurs agents. On a confondu l'impôt et le trafic. On a mis les forces publiques au service de l'intérêt personnel. On a créé des fiefs où règne une intolérable oppression doublée d'une anarchie sans bornes. Des ministres coupables ont commis ces attentats aux principes de notre droit public et ont en même temps livré à leurs créatures des titres que ceux-ci entendent faire valoir contre le trésor français, le jour peu éloigné où, conformément aux Conventions, une conférence internationale proclamera la déchéance ou plutôt l'inexistence de monopoles constitués contrairement à l'égalité obligatoire et à la liberté du commerce.

3°. — Donc l'humanité est outragée, nos lois sont violées ; une école de meurtre et de dol est ouverte en notre nom ; les indigènes sont acculés à la haine et bientôt, comme à leur suprême espoir, à de sanglantes *vêpres* ; les richesses du sol sont gaspillées ; le commerce est tué dans l'œuf ; le trésor va se trouver appelé à indemniser ceux-là mêmes qui ont contribué à créer cette banqueroute, des prétendues pertes qu'ils diront avoir subies.

4°. — L'heure a sonné de liquider cette folie. Je

n'ai pas la sotte prétention de demander l'abandon de notre domaine colonial. Outre que ce serait se vouer d'avance à l'insuccès d'une juste cause maladroitement compromise, nous avons contracté des obligations envers les populations que nous n'avons pas le droit de précipiter dans le chaos après leur avoir inoculé nos vices et nos maladies et les avoir décimées. D'autre part, je sais trop le lien étroit qui existe entre le système colonial et le régime capitaliste pour nourrir l'illusion que le premier puisse disparaître avant le second. Ce qui est possible et nécessaire c'est : 1° la répression — sans faiblesse et sans outrance individuelle — des crimes accomplis ; 2° la modification radicale de l'organisation gouvernementale, administrative, financière de nos colonies; l'institution d'un contrôle incessant ; d'une responsabilité effective; le remaniement des délimitations ; la transformation du recrutement des cadres coloniaux ; la suppression de l'impôt commercial ; l'abandon de l'idée de la colonie *fiscalement* profitable et de l'indigène taillable et corvéable à merci, la réforme de la magistrature coloniale ; la création des fonctions — déjà établies ailleurs — de *Protecteurs des Indigènes* avec larges attributions et autonomie ; le remaniement complet du système fiscal. 3° la suppression immédiate et sans indemnité, vu la violation du cahier des charges, de toutes les *concessions* (*applaudissements*).

Voilà ce que le Gouvernement de la République doit, et doit sans retard, comme un *minimum*, à l'humanité trop longtemps outragée, aux indigènes maltraités, à la France qui ne peut laisser indéfiniment ni déshonorer son grand non, ni compromettre ses intérêts essentiels. J'ose espérer que le mouvement inauguré ce soir ici contribuera puissamment à forcer la main à nos gouvernants, même s'ils n'ont ni l'esprit assez clairvoyant, ni la raison assez haute, ni la conscience assez ferme pour démêler d'eux-mêmes et pour accomplir spontanément un devoir aussi primordial (*Applaudissements prolongés*).

DISCOURS DE M. GUSTAVE ROUANET

DÉPUTÉ DE LA SEINE

Citoyennes et citoyens,

Lorsque le Comité de Défense et de Protection des Indigènes m'a demandé d'assister à cette réunion, je l'ai prévenu que je ne pourrais que vous apporter un témoignage très court, retenu que je suis le soir par des devoirs professionnels qui sont encore accrus en ce moment du fait de l'absence d'un certain nombre de nos collaborateurs. Je ne veux donc que vous féliciter et nous féliciter de la réunion de ce soir, qui marque que certains silences systématiques ne pourraient se prolonger bien longtemps. En effet, depuis tantôt un mois et demi, des révélations subites se sont tues spontanément, des promesses de critiques, de justice poursuivies par certaines feuilles, par certains organes ont été soudain oubliées le lendemain du jour même où on les avait faites. Eh bien! malgré ce silence, dont nous connaissons les causes, les raisons, les origines, les intérêts.....

Une voix. — Le silence est d'or!

M. Gustave Rouanet. — ..... malgré ce silence, l'écho des douloureux témoignages venus de la terre d'épouvante qu'est la terre du Congo, comme la terre d'Asie, comme la terre d'Océanie, cet écho est venu jusqu'à vous tous ce soir.

Le Comité de Défense et de Protection des Indigènes, dont je n'ai pas à vous rappeler l'œuvre grande et généreuse et désintéressée, les Ligues de la Paix, représentées ici par notre vénéré président, M. Frédéric Passy, l'homme de la justice internationale, de la justice entre les peuples et de la justice entre les hommes (*Applaudissements*); la Ligue des Droits de l'Homme, représentée par son dévoué secrétaire général, Mathias Morhardt, la Ligue des Droits de l'Homme, qui professe qu'il n'y a pas de races inférieures et de races supérieures (*Vifs applaudisse-*

ments) qui proclame que tous les individus constituent, quelle que soit leur couleur, quelle que soit leur origine, origine ethnique ou origine sociale, des consciences autonomes, des consciences libres ayant par conséquent droit à la dignité et au respect, toutes ces sociétés réunies ici ce soir par leurs représentants les plus autorisés, témoignent de l'impression profonde produite sur la conscience de ce pays, et il le fallait bien! Il fallait bien enfin, en face des mensonges, des dénégations odieuses des négriers et des criminels, que publiquement s'affirmât l'indignation de la conscience publique, car le mot « criminel » n'est pas trop fort!

Certes oui, vous avez raison, M. Viollet, lorsque vous vous attaquez au système, quand vous dites que le monde antique n'a certainement point connu les guerres barbares que sont les guerres coloniales d'aujourd'hui! Et le citoyen Pressensé également a raison quand il dit que l'envoi là-bas de jeunes gens frais émoulus de l'Ecole, pervertis par le milieu, est en partie la cause de ce qui se passe. Mais néanmoins il y a des responsabilités individuelles engagées, il y a des responsabilités personnelles, la preuve qu'un grand nombre d'entre eux sont conscients des crimes qu'ils ont commis, c'est qu'ils les nient, c'est qu'ils se sont efforcés de les masquer, c'est qu'ils disent : « Ce n'est pas vrai », c'est qu'ils mentent pour nier ce dont ils se vantent dans les réunions tenues soit dans les bureaux du ministère des colonies, soit dans les bureaux d'embauchage ou ailleurs. (*Applaudissements*).

Je dis « bureaux d'embauchage », car, en effet, la question coloniale ne se pose point seulement au point de vue de l'intérêt des faibles et des opprimés, elle se pose encore au point de vue de l'intérêt des peuples oppresseurs... (*Très bien* !)... et jamais on n'a vu se manifester d'une façon si éclatante que dans les pratiques coloniales l'immanence de la justice. (*Très bien ! Applaudissements*).

Oui, les peuples noirs sont opprimés, les peuples jaunes sont opprimés ; oui, l'Europe dite civilisée est grande et forte et peut appuyer une main de fer sur ces peuples; mais à l'intérieur de chaque pays se répercutent les pratiques, la moralité, la menta lité des oppresseurs et de ceux qui opèrent là bas ; de telle sorte que la colonisation nous colonise à notre tour, et que, aux causes de corruption déjà naturelles existant dans divers pays, vient se joindre la grande corruption coloniale, la grande corruption de cette clientèle politique misérable qui a triomphé au commencement de cette année dans l'un de ses représentants (*Applaudissements*). Ah ! oui, ils se vengent de nous les rapports naturels des choses, et ils nous renvoient sous la forme éventuelle de présidents ou de candidats présidentiels... (*Applaudissements prolongés*).

Citoyennes et citoyens, j'invoque l'intérêt de la métropole, l'intérêt de la mère patrie pour mettre fin aux abominations qui se commettent dans toutes nos colonies. Mais comme vous l'a montré M. Viollet, il suffit d'être un homme désintéressé, ayant des notions élémentaires de justice, pour demander, au nom de l'honneur de chaque pays, dans chaque pays, la cessation de ces atrocités.

Tout à l'heure on disait que la presse française aimait à dénoncer les crimes qui se commettent par ailleurs et qu'on trouvait que les Allemands et les Belges ont la main singulièrement dure dans leurs concessions. Avez-vous remarqué, citoyennes et citoyens, combien la presse de ces temps derniers a été réservée non seulement sur les crimes commis par les administrateurs français, mais encore sur la campagne poursuivie à Bruxelles dans le *Peuple*, et à Berlin dans le *Vorwaerts* ? Nous voyons là la solidarité d'intérêts qui lie les négriers francais aux négriers allemands, aux négriers belges et aux négriers anglais.

Eh bien ! c'est la seule réponse que je veuille faire ce soir à ceux qui nous accusent de trahir les intérêts de la France en dénonçant devant le monde les crimes commis par des administrateurs français : en réalité les criminels ne sont d'aucun pays, et ils sont justiciables de la loi pénale de tous les pays (*Applaudissements*).

Mais, si des crimes ont été commis, si des responsabilités individuelles ont été engagées, il y a néanmoins, et il faut en tenir compte, un système qui est le grand responsable, qui est le grand coupable, et ceux qui sont surtout responsables, ce sont ceux qui sont à la tête de ce système, ce sont ceux qui ordonnent ce système et qui hypocritement, mensongèrement, s'efforcent de le nier.

Tenez ! voulez-vous que je vous cite un fait à l'appui ?... (Oui ! oui !)... Tout à l'heure M. Viollet disait que la Cour de Cassation avait naguère rendu un arrêt légitimant en quelque sorte l'esclavage, la traite sur terre, à la suite d'un appel qui lui avait été déféré par M. Roume, Gouverneur général de l'Afrique occidentale qui voulait supprimer l'esclavage dans sa colonie. Et bien ! non, Monsieur Viollet, ce n'est pas tout à fait exact. Il y a, au Sénégal, des villages de captifs, il y a, à Saint-Louis, à Dakar, des captifs, des hommes non libres, des personnes humaines qui ne sont point libres au regard des règlements de là-bas. Je ne parle pas de la loi française. Un jour, un indigène de Saint-Louis est allé sur la rivière avec la commission d'acheter une fillette et de la ramener à Saint-Louis. Il acheta la fillette, préleva la commission sur le prix et revint à Saint Louis. La fillette qu'il avait achetée avait été volée à ses parents. La mère suivit le ravisseur à la trace, vint à Saint-Louis, et, à la suite de circonstances qu'il serait trop long d'indiquer, parvint jusqu'au Procureur général. Là, le Procureur général invité à requérir contre ce Sénégalais qui, hélas ! investi des droits de citoyen français, imitait ses professeurs de civilisation... (*applaudissements*)... en faisant la traite des esclaves, le Procureur général, ouvrit une enquête et dit qu'on ne pouvait pas poursuivre ce Sénégalais parce qu'il avait fait la traite ; que, d'ailleurs, c'était un fait de notoriété publique attendu que M. un tel, ingénieur, M. un tel, des blancs demeurant au Sénégal, avaient été fournis par lui à diverses reprises d'esclaves et qu'au surplus, si l'on devait poursuivre ce Sénégalais pour fait de traite, la moitié des Européens de Saint-Louis et de Dakar devaient être poursuivis de même façon. Ceci, citoyens et citoyennes, est inscrit et dit dans une pièce officielle, dans un document dont je n'ai pas le numéro présent à la mémoire, dans la correspondance officielle du Procureur général à Saint-Louis. Alors, il y eut un magistrat... (Mouvement.)

Je blesse peut-être des susceptibilités !

Une voix. — Oui, vous généralisez.

M. Gustave Rouanet. — On ne parle jamais de ces histoires là sans blesser quelques susceptibilités. Dernièrement, quelqu'un vint me voir au journal. Je lui parlai d'un fonctionnaire indo-chinois qui m'avait parlé des Annamites en excellents termes. Je lui dis : « Est-ce que vous connaissez ce monsieur ? » « Oui, me dit-il. Il semble qu'il a la main un peu dure..., c'est un Africain. Il a été aux Comores. » Et alors je lui dis : « Connaissez-vous un certain M. Bénévent?... J'ai reçu une lettre d'un ingénieur qui a été sur les lieux... Ce Bénévent aurait fait scier le cou avec un couteau à deux indigènes, dont l'un avait été pris sur ses chantiers. » Il me répondit : « Cela m'étonne, c'est un de mes amis. Cela peut arriver à tout le monde, mais cela m'étonne. »

Vous voyez qu'on n'est jamais sûr, dans une réunion comme celle-ci, que ce qu'on dit n'éveille pas quelques susceptibilités.

Eh bien ! il y avait au Sénégal un procureur de la République, M. Briffaut, qui voulut faire son devoir. Des poursuites contre l'esclavage furent ordonnées par lui. Il y eut acquittement. M. Briffaut protesta. Des associations maçonniques protestèrent. Alors M. Roume, bien loin de vouloir supprimer l'esclavage dans l'Afrique occidentale, demanda par deux fois à M. Doumergue, ministre des colonies, et par un troisième câblogramme, avant d'arriver ici, à M. Clémentel, ministre des colonies actuel, le rappel de ce magistrat qui poursuivait pour faits d'esclavage; et c'est sur des injonctions parties de Paris, à la suite de protestations venues des Européens de là-bas, qu'un appel fut fait devant la Cour de cassation. Mais sur quoi était fait l'appel? On s'appuyait sur la loi relative à la traite maritime. La Cour de cassation jugeait en droit; elle n'avait pas à invoquer d'autres principes que ceux sur lesquels reposait l'appel *a minima;* et elle déclara que la loi sur la traite maritime ne s'applique pas à la traite par terre.

Mais il y avait et il y a un article du Code pénal relatif à la séquestration arbitraire, qui punit des travaux forcés la séquestration, et si M. Roume, gouverneur général, avait voulu réellement déraciner l'esclavage, c'est pour séquestration arbitraire, sur les articles du Code pénal punissant les attentats à la liberté humaine, qu'on aurait fait appel. (*Applaudissements*).

Vous voyez donc comment, à côté du système, il y a la volonté opiniâtre et mauvaise de ceux qui ordonnent ce système, de ceux qui l'appliquent, de ceux qui veulent le conserver. Et la preuve qu'on veut le conserver c'est que, comme le rappelait tout à l'heure le citoyen Francis de Pressensé, à la suite des scandales abominables de Gaud et Toqué, une mission a été envoyée au Congo, à la tête de laquelle on avait placé de Brazza, parce qu'on disait : « Il a une autorité non seulement dans le monde colonial français, mais dans l'Europe et dans le monde, et ce qu'il aura vu, il pourra en apporter un témoignage autorisé. Oui, M. de Brazza est mort en route, on lui a fait des funérailles nationales, et avant même que les funérailles nationales fussent terminées, ses collaborateurs étaient frappés de suspicion. Les représentants directs de l'autorité du ministre, que sont les inspecteurs coloniaux, étaient inspectés à leur tour par ceux qui, comme l'a dit très bien Pressensé, seront appelés un de ces jours à s'asseoir, eux aussi, à la barre de l'opinion pour y répondre des mêmes faits, des mêmes crimes. De telle sorte qu'à cette heure on se trouve dans cette situation : une administration coloniale dont tout contrôle est supprimé, sur laquelle l'autorité du ministre n'a plus de prise, parce que le ministre lui-même a brisé cette autorité qui était entre ses mains en la frappant de suspicion (*Applaudissements*).

C'est contre tous ces faits que vous protestez ce soir ; c'est contre les camps de concentration, contre les camps d'otages, contre les femmes et les enfants servant d'otages et dont la vie répond à la fois de la bonne volonté au travail des indigènes et de la quantité de caoutchouc qu'ils devront apporter dans les factoreries, soit sur la côte, soit dans l'intérieur.

Vous voulez protester contre le dépècement et le dépeuplement des nations dites de race inférieure parce qu'elles ont une couleur différente de la nôtre : et encore, en Tunisie, les Juifs et les Arabes, qui sont des blancs comme nous, sont dans une situation inférieure, et sont des mineurs au même titre que les noirs et les jaunes. Vous voulez protester au nom de l'espèce humaine, au nom de la conscience humaine contre les crimes qui se commettent au nom de la France et de la civilisation. Eh bien ! vous pouvez faire cesser ces crimes si chacun de vous, individuellement et en association, dans sa vie quotidienne, s'efforce de convaincre autour de lui de la nécessité de mettre fin à cet état de choses.

En attendant, soyez remerciés, organisateurs de cette réunion, pour le concours que vous apportez à ceux qui, ayant à remplir un devoir souvent difficile, ont essayé de contribuer pour leur part à la fin de ces crimes et de ces abominations (*Applaudissements prolongés*).

DISCOURS DE L'ABBÉ PICHOT

Mesdames, Messieurs,

Vous connaissez tous les abus de l'esclavage antique et l'exploitation de l'homme par l'homme à laquelle donnèrent lieu les premières colonies européennes fondées dans le Nouveau Monde, en Afrique ou en Extrême-Orient, à la suite des grandes découvertes des navigateurs. Quelques-uns d'entre vous, — beaucoup en tout cas en dehors de cette enceinte, — croient que tout cela est du domaine du passé et ne relève que du jugement de l'histoire. L'histoire s'est prononcée en effet et, par un juste retour des choses, les nations dont les colonies étaient autrefois les plus prospères ont reçu, en tant que nations, le châtiment qu'elles méritaient en perdant ces colonies. Mais des abus analogues, souvent plus révoltants, existent encore : l'esclavage, le travail forcé et mal rémunéré, les coups, le meurtre sans jugement, la dépossession arbitraire, les impôts exhorbitants, tout cela c'est de l'histoire, je ne dis pas contemporaine, mais quotidienne. Et cette histoire se continue malgré tout, malgré l'opinion publique mal informée du reste des choses coloniales, malgré l'engagement formel des nations — engagement qui semble vraiment une ironie — « de protéger efficacement les populations indigènes, d'accroître leur bien-être moral et matériel » (1).

Je comprends donc et vous comprenez comme moi la campagne anti-esclavagiste du cardinal Lavigerie, les efforts constants de notre Comité de Protection des Indigènes et le meeting de ce soir.

Les faits que vous venez d'entendre sont précis. Je ne veux pas en allonger la liste déjà trop longue. Nous ne sommes ici, à proprement parler, ni des juges ni des accusateurs. Nous sommes des citoyens informés d'un pays libre, qui ont conscience de la solidarité sociale, qui veulent dégager leur responsabilité, qui veulent prévenir les représailles et surtout prévenir le retour de semblables faits.

Que faut-il faire pour cela ? Il ne suffit pas d'établir les faits ni de déterminer les responsabilités. Il faut fixer l'opinion publique, détruire les sophismes courants, édicter des principes qui éclairent les esprits et formuler un idéal à la lumière duquel les actions de chacun puissent être jugées pour ce qu'elles sont en réalité. Ce qu'il faut aussi, c'est incarner ces principes dans de bons ministres des colonies, voulant être renseignés, sachant se faire renseigner, sachant se défaire rapidement des coupables ou des détraqués (puisque ces faits sont souvent, nous dit-on, imputables aux désordres men-

(1) Conférences de Berlin, 1884-85, et de Bruxelles, 1890-91 ; Cf : *The Claims of uncivilised Races* by Fox-Bourne, London, Broadway, Chambers, Westminster, S. W.

taux) (1) et livrer rapidement les coupables aux lois vengeresses.

Mais notre but ici est surtout, après avoir constaté les faits, de formuler des principes pour les réaliser plus tard.

Nous sommes tous d'accord, en France et dans les pays civilisés, pour définir un crime, le meurtre par exemple. Nous sommes tous unanimes également à le déclarer horrible ; et nos lois sont là pour le punir. De même il est défendu de prendre le bien d'autrui et il y a des lois pour punir les voleurs. Or, comment se fait-il que nous déplaçant de quelques degrés de latitude sur notre pauvre petite planète, ou ayant à juger des faits qui se sont passés au loin, sous le soleil des tropiques, chez les noirs de l'Afrique, ou chez les Chinois habillés autrement que nous, nous soyons en quelque sorte moins sûrs de nos définitions ? que nous nous abstenions de porter ces jugements nets et clairs que nous formulions sur le méridien de Paris par 48 degrés 50 minutes de latitude ? Mon Dieu, mesdames et messieurs, avouons-le, c'est tout simplement en vertu d'une inconséquence et d'une aberration étrange dont l'analyse nous couvre de confusion, mais dont les effets sont plus étendus que nous le croyons. C'est en vertu de ce sentiment, inspiré par l'égoïsme et condamné par la raison et par l'esprit chrétien, qu'il y a deux morales : l'une pour nous et l'autre.... pour les autres. C'est-à-dire que ce qui est défendu aux autres quand cela doit nous nuire à nous, nous est permis lorsque cela peut nous profiter et que cela ne fait que nuire aux autres. Une fois engagés dans la voie du sophisme et de l'inconséquence, nous ne savons plus nous arrêter ; pour nous, à un moment donné, nuire à l'intérêt des autres et servir notre propre intérêt, c'est la même chose.

Et, dans certains cas, dût un acte nous nuire à nous-mêmes, par contre-coup ou en vertu de cette loi qui est l'équivalent dans le monde moral et so-

---

(1) Voir : *La psychologie des coloniaux et l'influence des pays chauds sur l'état mental*, par le Dr Escande de Messières, médecin-major des troupes coloniales.

cial de la loi de réversibilité dans le monde mécanique, que l'on appelle tantôt la main de Dieu, tantôt la justice immanente, qui veut, comme disent certaines écoles, que chacun récolte ce qu'il a semé, dût, dis je, un tel acte nous nuire gravement à nous-mêmes, nous n'en continuons pas moins à le commettre, à le laisser commettre, à l'excuser, parfois même à le déclarer beau et louable, pourvu qu'il nuise aux autres et serve nos intérêts.

Bien entendu, nous ne raisonnons pas ainsi tout haut : nous ne formulons pas publiquement des doctrines si directement inspirées par l'égoïsme. Nous nous gardons bien, en général, d'appeler les choses par leur nom comme je viens de le faire. Nous appelons tout cela étendre notre zone d'influence, créer des débouchés de commerce, coloniser, civiliser des races inférieures. Et ce sont ces mots qui justifient à nos yeux les moyens que nous employons.

Mon excellent ami, le grand sociologue russe Novicow, qui fera bientôt partie, je l'espère, du Parlement russe, se pose le problème suivant : comment se fait-il que l'homme ait méconnu jusqu'à ce jour ses devoirs et ait professé de telles doctrines ? Eh bien, dit-il, c'est que l'homme s'est trompé, c'est qu'il n'a pas analysé suffisamment les faits sociaux, qu'il a cru que cela pouvait lui procurer plus facilement le bonheur, de tuer, de voler, de détruire ; c'est qu'il n'a pas aperçu la loi de réversibilité. Et Novicow démontre avec le bon sens et la clarté qui caractérisent ses écrits : que la spoliation « est désavantageuse pour le spolié et même pour le spoliateur dont elle diminue la sécurité.... ». « Respecter les droits du prochain, continue-t-il, revient en définitive à développer le maximum d'intensité vitale des hommes qui habitent la terre. Par le fait qu'un homme respecte les droits du prochain, il ne fait en dernière analyse qu'exalter ses propres facultés. Ce respect est une *autopréservation*.... Au contraire, l'homme qui viole les droits de ses semblables pousse à une diminution de la vie des autres, donc de la sienne propre ». Tout cela en vertu de ce principe que les êtres collectifs n'ont pas d'existence en dehors des êtres qui les constituent et que la prospérité sociale est grande quand celle des individus qui composent la société est grande (1).

Un corps est sain lorsque toutes ses cellules sont saines et réciproquement. Or la Société est formée par la réunion d'individus tout comme le corps humain est constitué par la réunion de soixante trillions de cellules.

L'homme ne peut vivre seul, isolé du reste des hommes. Il doit au contraire, en vertu de son essence même, être en communion perpétuelle avec ses semblables. « Je ne puis vivre seul en moi-même, « dit Lord Byron, il faut que je participe à ce qui « m'entoure :

« I live not in myself, but I become
« Portion of that around me.... »

Voici donc que la science sociale formule ce que le Décalogue et l'Evangile avaient dit il y a des siècles : Tu ne tueras pas, tu ne voleras pas, tu respecteras ton prochain quel qu'il soit; et qu'elle en fait à la fois la base de la société et la formule de l'intérêt individuel. L'Evangile aussi avait formulé la loi de la réversibilité : « On se servira avec vous de la même mesure que celle dont vous vous serez servi avec les autres ».

Eh bien, Messieurs, voilà les vérités qu'il faut propager.

Les uns les professent au nom de la raison pure, d'autres au nom de la science sociale, de l'expérience et de l'observation ou encore de l'intérêt bien compris de tous, d'autres enfin au nom de l'idéal évangélique. Je m'inscris pour mon compte tout à la fois dans les trois catégories. Mais, à quelque catégorie que nous appartenions, nous sommes tous ici unanimes à affirmer la grande loi de la fraternité universelle de tous les êtres, des êtres vivants que la science rapproche les uns des autres, entre lesquels elle découvre chaque jour des points communs, mais particulièrement la loi de la fraternité et de l'égalité en droit de *tous* les hommes de *toute* race,

---

(1) Novicow, *La Possibilité du bonheur*, Giard et Brière, Paris.

de *toute* couleur, de *toute* langue. Nous ajoutons : La race humaine est une, il n'y a pas de races supérieures ni de races inférieures ; il n'y a ni esclaves, ni hommes libres (Saint Paul, Gal. IV), ou mieux il ne doit plus y avoir, à nos yeux, ni races supérieures, ni races inférieures, ni hommes libres, ni esclaves.

A côté des moyens de protection contre les criminels, les exploiteurs et les détraqués dangereux et également contre les sociétés concessionnaires sans conscience qui ne se préoccupent que des dividendes à partager, cette affirmation solennelle et énergique contribuera efficacement, je le crois, à la suppression des crimes coloniaux. Bien qu'il soit pénible en un sens d'avoir à énoncer des vérités si élémentaires, je me félicite d'avoir eu l'occasion de proclamer une fois de plus ces principes devant vous. (*Applaudissements prolongés*).

DISCOURS DE M. BAROT-FORLIÈRE

EX-MÉDECIN-MAJOR DES COLONIES

EX-CHARGÉ DE MISSION SCIENTIFIQUE

Mesdames, Citoyens,

Lorsque le Comité de défense et de protection des Indigènes, et le Comité Central de la Ligue des Droits de l'Homme, m'ont demandé de venir prendre la parole ce soir devant vous, j'ai un peu hésité parce que je n'ai ni l'autorité personnelle du vénéré Frédéric Passy, ou de M. Viollet, ni la fougue éloquente du citoyen Rouanet ; je me suis cependant décidé en pensant que je vous apporterais le souvenir personnel de choses vues, le témoignage d'heures vécues dans le Continent noir.

Depuis que je suis rentré d'Afrique Occidentale, où j'ai passé trois ans consécutifs, je n'ai cessé, par des conférences, faites à Paris et dans les plus grandes villes de France, de soutenir, autant qu'il m'a été possible, la cause des indigènes de nos possessions. J'ai essayé de faire comprendre par des récits, par des transcriptions de fables et de légendes, l'état d'âme des nègres du Soudan français. J'ai fait voir qu'ils ont une intelligence, qu'ils ne sont pas simplement des brutes comme beaucoup le pensent et le disent, que ce sont des hommes dans toute l'acception de ce terme, physiquement et moralement égaux à nous-mêmes, mais simplement en retard de quelques siècles sur notre civilisation ; ce sont nos jeunes frères, nous sommes leurs aînés, et comme tels, notre devoir le plus impérieux est de les élever progressivement jusqu'à nous à l'aide d'une éducation rationnelle et pratique basée sur nos conceptions scientifiques modernes.

J'ai porté cette parole partout où je l'ai pu. Cela ne m'a, du reste, pas réussi. J'avais été chargé de l'organisation d'une série de recherches scientifiques; j'étais revenu de là-bas ébloui par les paysages soudanais, par les richesses ignorées et inexploitées ou plutôt bêtement exploitées jusqu'à destruction, de l'Afrique française; je rêvais de faire de ces richesses un inventaire méthodique, de recenser la flore et la faune coloniales comme on a fait pour celles de la France, de façon à pouvoir dire à ceux qui veulent aller là-bas : « voici quelles sont les ressources de telle région. . . . , voici ce que vous pourrez y faire et y trouver. . . . . ; voici les coutumes des indigènes qui y vivent et leur nombre, voici par quels moyens on doit se faire aimer d'eux, etc. ; » car les indigènes sont, le plus souvent, des hommes doux et bons qui ne demandent, lorsqu'on a eu soin de les instruire, qu'à travailler avec nous, qu'à coopérer à nos efforts, qu'à s'associer comme l'a dit tout récemment, dans une heure d'enthousiasme, qui, malheureusement, n'a pas eu de lendemain, le Ministre des Colonies.

Lorsque, — ayant pu, à grand peine, constituer un Comité d'Etudes et un Groupement scientifique pour réaliser ce premier stade de la mise en valeur de nos possessions, et qui doit logiquement faire suite à la conquête et à l'occupation militaires, — j'ai été sur le point de repartir aux colonies, chargé de mission, par le ministre M. Doumergue, le gouvernement général de l'Afrique occidentale a opposé un *veto* formel, mais non motivé, à ma présence en Afrique occidentale. Une des raisons de cette attitude — et non la moindre — est que j'avais dit, écrit et crié sur les toits, que je considérais les nègres comme je vous considère, comme je me considère moi-même *(Rires et applaudissements)*.

Ne croyez pas que ce soit là un fait isolé. Je vous ai cité longuement cela parce que c'est très caractéristique, au point de vue de la psychologie de ce qu'il est convenu d'appeler le *monde colonial français*, composé aussi extraordinaire qu'hétéroclite!... Un de mes camarades, d'une promotion antérieure à la mienne, garçon extrêment libéral, qui, à sa qualité de médecin, joint celle de licencié ès-sciences naturelles, avait vécu longtemps en Afrique occidentale, et était très aimé des noirs, parce qu'il faisait simplement là-bas de la médecine égale pour tous; il en est revenu, avec, sur son livret, cette note que je livre à vos méditations : « A ne pas renvoyer dans l'Afrique occidentale : fait de la popularité parmi les indigènes » (*Rires*).

Cela vous donne une idée nette de l'esprit qui anime l'Administration coloniale africaine et l'Administration coloniale centrale française.

Ceci dit, je ne voudrais pas non plus que vous crussiez que tous les coloniaux sont des non-valeurs ou des forbans. Non, certes et je connais beaucoup de coloniaux, — j'en vois dans cette salle, — qui sont des amis des noirs ou des jaunes, et qui souffrent énormément de l'état de choses actuel. Ils ne peuvent rien dire parce qu'ils sont fonctionnaires ou officiers, parce que leur situation dépend de leur silence parce qu'ils ne peuvent pas, comme d'autres, s'en aller pour vivre d'une vie nouvelle. Mais à côté d'eux existent des coloniaux qui pourraient et devraient ne pas se taire, ce sont les publicistes coloniaux.

Depuis que Rouanet a commencé cette courageuse campagne contre les crimes coloniaux, j'ai eu la curiosité de parcourir les journaux coloniaux : entre autres, le journal quasi-officiel des colonies, la *Dépêche Coloniale*, dont l'inspirateur politique réel est le ministre actuel de l'intérieur (1) ; et la *Quinzaine Coloniale*, bulletin officiel de l'Union coloniale, qui est elle-même comme la synthèse de tout l'effort commercial français vers nos colonies. Eh bien, il n'a rien été publié dans ces journaux sur ces sujets, ou très peu de chose (2) : quatre articles en tout, qui certes, n'étaient pas des articles défendant les excès et les crimes coloniaux, mais des articles où l'on disait en substance : mon Dieu que c'est malheureux d'être ennuyé comme cela ! Dans l'un d'eux, j'ai relevé cette phrase dont je trouve l'ingénuité simplement admirable : « L'idée d'enquêter sur l'œuvre de Gentil a été néfaste. Est-ce qu'on enquête sur de pareils chefs ? » Ce qui revient à dire que lorsqu'un homme a rendu des services assez considérables, il doit être au-dessus de toute accusation, de toute contrainte et de toute morale sociale, quels que soient les actes qu'il ait pu postérieurement commettre !... Ce sont des théories surannées, dont notre Démocratie n'a du reste que déjà trop souffert et qui rappellent le geste de Scipion l'Africain, accusé, devant le peuple romain, d'avoir commis des prévarications. Scipion se retourna fièrement et dit aux citoyens romains : « Il y a cinq ans aujourd'hui, je remportais la victoire de Zama ; allons au Capitole en rendre grâces aux dieux ! » (*Rires.*) Ces gestes pouvaient passer à Rome, mais aujourd'hui ils ne sont plus de mise : ce sont des puérilités.

Revenons aux coloniaux proprement dits. Je voudrais, sans m'étendre longuement sur eux, vous indiquer en quelques mots comment et pourquoi certains d'entre eux deviennent des criminels, vous résumer brièvement les points principaux que j'ai traités dans un article que vient de publier la *Revue Socialiste*, du 15 octobre, sous le titre : *Criminalisme colonial* et où je soutiens cette thèse qu'il ne faut pas trop accuser les hommes, mais qu'il faut surtout accuser notre système colonial (*Approbation*). Les

(1) A ce moment le ministre de l'Intérieur était M. Etienne.
(2) Ils se sont copieusement rattrapés depuis, sur le dos des divers orateurs qui ont pris part au Meeting, et en place d'arguments, ils ne leur ont ménagé ni les grossièretés, ni les injures.

hommes sont le jouet de trop de passions et de trop d'attirances. Nous, les médecins, nous savons combien la moralité humaine est soumise à des fluctuations et à des chutes. Tout intervient, dans la Société, pour y contribuer : la scène que vous voyez au théâtre, l'affiche sensationnelle apposée sur les murs et devant laquelle vous stationnez vous incitent à la haine ou à la débauche, quelque moral, quelque foncièrement honnête que vous soyez ; ce sont des incitations analogues qui, exagérées par l'ennui, l'éloignement, l'isolement, la maladie, le découragement, etc., créent un état d'esprit spécial aux coloniaux. Je vais vous énumérer quelques-unes de ces causes pour que vous compreniez par quelle succession de chutes passent les coloniaux pour que, d'individus normaux, ils arrivent à être des criminels et ceci dans une proportion effrayante que je vous indiquerai tout à l'heure.

La première de ces causes, dont vous êtes responsables, vous qui m'écoutez, comme tout le peuple français, c'est l'indifférence que la France, la population, la presse françaises ont montrée pendant vingt-cinq ans pour les choses coloniales. Il n'y a pas de rubriques coloniales dans les journaux, c'est à peine si, de temps à autre, on voit dans les journaux un communiqué officiel parlant des choses qui se passent aux colonies. Nous possédons un empire colonial de 10 millions de kilomètres carrés, c'est-à-dire vingt fois la superficie de la France et, cependant, dans nos journaux on lit les horribles détails de l'assassinat d'une concierge ou de la bataille rangée de tels ou tels apaches *(Rires)*... mais personne ne tient à savoir quels sont les actes de nos gouverneurs à Madagascar ou en Afrique occidentale. Et alors les coloniaux, isolés par votre indifférence, se disent : « Puisqu'on ne s'occupe pas de nous en France, agissons à notre guise ». C'est humain.

La deuxième cause, c'est le mauvais recrutement colonial. Jusqu'à il y a 10 ou 12 ans, pas d'avantage, qui allait aux colonies ? C'étaient des exaltés, qui, ayant l'esprit plein des récits de Fenimore Cooper, voulaient aller chasser dans les prairies, ou bien encore, c'étaient des explorateurs comme Savorgnan de Brazza ou autres, qui rêvaient de reconnaître de nouveaux pays, de soulever un coin du voile mystérieux de l'Afrique. Ils étaient la minorité, l'exception. La majorité, c'étaient ceux qui, en France n'avaient pu se trouver un emploi, les fortes têtes, qui allaient conquérir ailleurs, par tous les moyens, une vie qu'ils n'étaient pas capables de gagner chez nous *(Approbation)*.

Pour l'armée, ce fut un peu différent. Depuis 1870, nous n'avons pas eu de guerre ; l'armée française a perdu — je ne froisserai les sentiments chauvins de personne en disant cela — l'habitude des batailles et des combats, elle ne connaît la guerre que par les grandes manœuvres qui n'y ressemblent pas du tout... *(Rires)*. Il est évident qu'en temps de paix, les gens comme les mœurs s'adoucissent. On parle bien des horreurs de la guerre, mais en France aujourd'hui on ne connait cela qu'en imagination. L'armée coloniale, elle, depuis 1870, a été tout le temps sur la brèche, elle est véritablement l'armée guerroyante ; il n'y a pas d'officier de l'armée coloniale qui n'ait vu des combats et qui n'y ait pris part, qui n'ait supporté des fatigues physiques, qui ne se soit endurci à ce spectacle. Il faut tenir compte que notre crise de colonisation à outrance fut, pour l'armée coloniale, le motif de l'entretien de l'état de guerre et vous savez que la guerre c'est une chose qui couvre beaucoup d'horreurs et d'ignominies. Il ne faut par conséquent pas s'étonner que la mentalité de l'armée coloniale soit essentiellement différente de celle de l'armée métropolitaine : elle est conforme à celle des armées mercenaires, elle ne peut être autre. J'ai eu souvent, comme médecin, a me débattre contre cet esprit.

Une troisième cause de déchéance est le manque absolu de système d'éducation coloniale. On prend, pour aller aux colonies, n'importe qui ; on donne des lettres de service à n'importe quel citoyen tant soit peu recommandé : on y envoie des hommes qui ne savent parfois même pas où elles se trouvent, qui s'en vont à Dakar, croyant aller au Tonkin, quand ils arrivent, il voient bien des hommes jaunes ou noirs, mais ils ne savent pas très bien de quelle race ils sont, comment ils vivent, comment ils parlent, de quelle manière il faut les traiter ; ils arrivent imbus de tous nos préjugés de races, de classes, de dogmes. Pour les achever, ils trouvent là-bas de bons camarades — les vieux durs-à-cuire — qui prennent chaque soir cinq ou six absinthes et qui se chargent de les renseigner sur l'état d'esprit qu'il faut témoigner aux indigènes. Cela ne traine pas. Quand les jeunes Coloniaux sont bien éduqués, on leur dit : « vous avez quelques notions sur le pays, vous savez dire bonjour, bonsoir, demander du pain, vous avez vu des nègres, vous savez les commander, vous êtes mûr pour aller gouverner tel poste. Partez. »

A mesure qu'ils s'enfoncent dans la brousse pour aller rejoindre ce poste, petit à petit, ils voient s'échelonner et décroître les groupements européens ; à St-Louis, à Dakar, à Kayes, il y a des Européens, mais plus loin, à Kati, à Bamako, il y en a dix, 15 peut-être... (*Une voix :* cinquante !...) Cinquante si vous voulez...

Ensuite, quand ils vont encore plus loin, il arrive un moment où ils se trouvent en tête-à-tête avec un dernier européen qui leur dit : « je commande ici, vous c'est à 250 ou 300 kilomètres à l'Est ; voici des porteurs, voici des caisses, voici huit jours de vivres, partez prendre le commandement de votre poste. » Ils partent, quand ils arrivent dans leur poste, tout le monde se prosterne, tout le monde les admire ; ils sont rapidement grisés par l'autorité.

Ils sont chefs militaires, chefs civils, chefs judiciaires, chefs financiers, chefs de toutes sortes de choses. Ils sont tout ; ce sont des dictateurs, des autocrates, beaucoup plus autocrates que le Tsar même puisque leur peuple ne se révolte pas (*Approbation*).

A partir de ce jour là, la déchéance est fatale, il ne peut pas en être autrement parce que ces jeunes hommes font dans leur poste tout ce qui leur plaît ; que nul ne le sait, que nul ne peut le savoir, qu'il n'y a aucun contrôle colonial. Je n'ai jamais vu en trois ans de présence en Afrique Occidentale l'ombre d'un inspecteur des colonies de si minime classe qu'il fût (*Une voix* : c'est vrai !). Par conséquent, les administrateurs peuvent faire impunément tout ce qui leur passe par la tête.

Les indigènes, dira-t-on, pourraient protester ? Mais où ? Est-ce qu'ils ont la moindre notion de notre hiérarchie administrative ? Est-ce qu'ils savent où se trouve le chef direct de celui qui administre ? Ils ne le peuvent matériellement pas en raison même des distances ; et du reste s'ils s'avisaient de réclamer, seraient-ils seulement sûrs d'être écoutés ?

Alors, commence la série des abus d'autorité. C'est une jolie femme qu'on voit un jour, par hasard : on ne s'enquiert pas de savoir si elle est mariée ou si elle est jeune fille, on pense : cela ferait bien mon affaire. On dit au commissaire de police : « tu vois cette femme tu vas aller me la chercher »... Je vous demande pardon, Mesdames, de m'exprimer si nettement mais je parle en médecin qui dit crûment les choses, comme elles sont, c'est-à-dire pas belles.

Lié par le secret médical, je ne puis ni ne veux faire de personnalités, mais je me suis cependant attaché à donner dans l'article que j'ai publié, des exemples vrais quoique invraisemblables des perversions mentales que j'ai pu voir, sans désigner les individus, ni les lieux. J'ai vu entre autres un officier européen qui avait dressé une liste de 40 femmes indigènes habitant dans le cercle qu'il commandait et tous les soirs le commissaire de police devait aller en chercher une pour le ravitailler. (*Mouvement*). Et ceci n'est rien auprès de ce que je pourrais citer. Il y a donc des abus extraordinaires. Un autre exemple entre mille : — On vous disait tout à l'heure que les femmes de Samory avaient été distribuées, après la capture, aux soldats indigènes. Ce ne fut pas seulement aux indigènes. J'ai vu un de mes camarades qui en convoyait sept à sa suite, qui constituaient sa part de prise de guerre.

A l'absence de contrôle et à l'isolement où ils se trouvent dans leurs postes, il faut ajouter une calamité nouvelle qui s'abat sur les Européens : c'est l'alcoolisme qui sévit déjà en petit, dans les ports de guerre français, mais qui sévit en grand aux colonies. Elle naît de l'oisiveté jointe à l'intempérance; à mesure que l'Européen se livre à l'alcool, il subit toutes les perversions mentales qu'entraîne ce poison. Il faut encore ajouter l'influence déprimante des privations alimentaires ; on n'a pas toujours là-bas ce qu'il faut pour manger et on ne sait pas bien le préparer; on ne connaît pas les ressources indigènes parce qu'on pèche par l'éducation scientifique; on s'empoisonne quelquefois en croyant manger une plante indigène que l'on croit comestible et qui est vénéneuse. Il y a encore les accès paludéens, les coups de soleil, qui influent considérablement sur la mentalité. Mais il faut retenir surtout le paludisme. Presque tous les Européens paient leur tribut à cette redoutable infection : il a été observé fréquemment au cours ou après des accès palustres, des perversions mentales, de la mélancolie, des accès de colère, des terreurs, des hallucinations. Ces troubles psychiques s'accentuent encore lorsque d'autres infections graves telles que la tuberculose et la syphilis viennent s'associer au paludisme et cette dernière, je vous prie de le croire, ne manque pas aux colonies.

Toutes ces causes réunies et combinées provoquent une déchéance continuelle et fatale de l'Européen, qui se gradue par des abus d'autorité, puis des violences, des sévices, enfin, presque inconsciemment, des crimes. C'est cet état particulier que j'ai dénommé « Criminalisme colonial » ; le colonial ne s'aperçoit pas lui-même de sa chute et il se trouve parfois tout étonné d'avoir tué quelqu'un sans l'avoir positivement voulu. Le malheur est que quand il l'a fait une fois, il recommence et, alors, souvent sciemment.

J'ai étudié ces états mentaux, je les trouve pitoyables, tristes, lamentables, mais ils existent : rien ne sert de chercher à les nier.

La proportion de criminalisme colonial est effrayante. Je l'ai évaluée en tenant compte du mauvais recrutement, des dettes (cette plaie des coloniaux), de l'alcoolisme, de la syphilis et du paludisme, je l'ai évaluée, dis-je, aux sept dixièmes des coloniaux français. J'évalue le nombre de ceux qui se sont arrêtés à un des stades du criminalisme, par exemple à l'abus de pouvoir, aux violences, ou sévices, aux cinq dixièmes ; par conséquent je laisse une part de deux dixièmes pour la véritable criminalité. C'est une proportion effrayante, j'en conviens, mais je ne la crois pas inférieure ; je ne l'ai pas vue inférieure.

En élargissant le débat, voyez quelles conséquences

terribles cela peut avoir pour notre influence et pour notre race. De telles pratiques ne sont pas sans retentir sur les populations que nous gouvernons et par suite sur la solidité de notre domaine Colonial. On ne donne pas impunément de semblables démentis à ses principes. C'est très beau de faire des conférences philanthrophiques comme celle de ce soir, mais si les résolutions qui y sont prises ne sont pas appliquées, elles ne servent à rien. Nous préparons lentement le soulèvement de tous les peuples qui nous sont aujourd'hui soumis. Personnellement, j'ai assisté à deux insurrections j'ai pris part à leur répression.... Oh ! comme médecin. Je crois que ces deux insurrections ont été provoquées, inconsciemment peut-être par nos agents ; je ne crois pas aux insurrections spontanées. Dans un des pays où j'ai vécu, que nous avons pacifié, j'ai appris qu'il y avait eu, après notre départ cinq insurrections successives. Je crains fort que ces cinq insurrections n'aient été fomentées par des ambitieux, sans conscience qui ont voulu acquérir à leur faveur des croix, ou des galons (*Vive approbation*).

On nous parle du péril jaune, du panislamisme, du séparatisme et du danger que ces tendances nous font courir ; mais rappelons-nous ce que disait récemment Anatole France à cet égard : le danger du péril jaune ou du panislamisme, mais c'est nous qui le créons par notre manière d'être vis-à-vis de ces races que nous considérons comme inférieures. Notre empire colonial d'aujourd'hui, conquis à si grands frais, quand il aura servi à engraisser un certain nombre d'individus, pourrait nous offrir le régal de nouvelles Vêpres Siciliennes. C'est fatal. Il ne peut en être autrement, à moins que n'intervienne promptement une transformation complète des hommes et des mœurs.

J'avais l'intention de vous parler du danger que cette mentalité spéciale fait courir à notre propre race ; je ne le ferai pas puisque M. Rouanet vous en a déjà parlé. J'avais signalé ce danger dans les discussions du Congrès colonial de 1904 où j'ai pris la parole, appuyé par la Ligue des Droits de l'Homme et par M. Viollet. J'ai fini par émettre cette idée que si la déchéance de trois ou quatre mille français dans la valeur morale était le tribut annuel que nous devions payer aux colonies, j'en arrivais à me demander, moi, colonial convaincu, si ce n'était pas payer trop cher la possession de ces colonies. Je me suis posé cette question : je ne l'ai pas résolue.

Je ne partage pas l'optimisme des précédents orateurs.

Je ne crois pas du tout que le mal que nous venons de signaler se modifie. Vous entendez ici des voix qui ne sont pas coloniales, ce sont des voix métropolitaines, des voix généreuses, je dirai presque idéalistes. C'est du reste ainsi que nous traitent les purs coloniaux. Ils font une grande distinction entre les coloniaux idéalistes dont nous sommes tous et les coloniaux d'affaires dont ils sont seuls. Coloniaux d'affaires, en effet ceux qui ont brassé les concessions du Congo, les monopoles des Comores, mines du Tonkin et de la Côte de l'Ivoire, qui ont failli récemment nous lancer dans cette ténébreuse affaire du Maroc (*Applaudissements*). Ce monde colonial là, il est insaisissable ; il est cosmopolite ; il n'est pas internationaliste dans le sens où nous l'entendons, c'est-à-dire entente universelle de tous les Travailleurs pour plus de Bien-être et plus de Justice, mais il l'est dans le sens d'une entente financière de capitalistes de tous pays pour la fructification égoïste de leur argent. C'est ainsi qu'une partie des Coloniaux français vont prendre leur mot d'ordre à Bruxelles. Il y a dans le monde colonial, cette même forme que vous retrouvez partout de l'association cosmopolite des Financiers, association qui nous enserre et nous entraîne dans des colonisations profitables à un faible nombre. Votre effort ne réussira pas parce que malheureusement le gouvernement actuel est contre vous : loin de vous aider, il vous combat. Les événements prouvent mes assertions. Le Ministre actuel des Colonies a eu un mouvement généreux quand il a formé la mission Brazza ; il était jeune ministre alors ; il avait des illusions ; mais les coloniaux devenus aussi ministres lui ont vite appris qu'il ne fallait pas se livrer à d'aussi dangereuses mesures.... (*Interruptions diverses*).

Je termine... Quand je considère le gouvernement actuel, que je vois à sa tête les hommes qui, depuis vingt ans nous ont lancés dans toutes les équipées coloniales, les hommes qui savent aussi bien que moi tout ce que j'ai dit ce soir, qui savent qu'il n'y a peut-être pas une gloire coloniale française qui ne soit souillée de sang, je me demande pourquoi tous ces hommes se taisent volontairement? Pourquoi ?... Question financière ! Oh ! je ne dis pas qu'ils touchent; je dis simplement qu'ils sont englobés dans cet immense réseau, dans ce filet d'argent et d'entreprises coloniales, tendu de Londres à Berlin, de Bruxelles à Paris et qui paralysera tous nos efforts actuels. Vous le verrez... J'ai entendu de mes propres oreilles un homme, occupant une situation très élevée auprès d'un gouverneur général d'une Colonie française, dire un jour, un an peut-être avant que la question Marocaine fût entrée dans sa phase aigüe : « Tout est prêt pour occuper le territoire de X..... il ne reste plus qu'à forcer la main au gouvernement.... » (*Mouvements divers*).

Quand on a entendu ces choses-là, on se rend compte qu'il n'y a rien à faire contre cette immense association esclavagiste et cosmopolite, sorte de bande noire qui enserre l'armée et l'administration coloniales et se rit de nos mouvements humanitaires. Longtemps encore elle sera puissante, mais elle aura son jour aussi et crèvera sous la poussée irrésistible, sous l'effort émancipateur de toute la démocratie socialiste française ! (*Vifs applaudissements*).

M. Frédéric Passy. — Après avoir entendu l'orateur que vous venez d'applaudir, je me permettrai de dire qu'il ne faut jamais affirmer que l'on ne réussira en rien. Je dis qu'il faut travailler comme si l'on avait toujours la certitude de réussir (*Approbation*).

DISCOURS DE M. PIERRE QUILLARD

Monsieur le Président,

Je dis, Monsieur le Président, parce que je n'ose pas m'adresser tout de suite à l'ensemble de cette assemblée, où il me paraît qu'il y a quelques personnes qui approuvent les négriers, et ce n'est point pour elles que je parle.

C'est à vous, Monsieur le Président, que je m'adresse pour vous rappeler un souvenir récent : nous étions, mon vénéré maître Frédéric Passy et moi, à Lucerne, il y a un peu plus d'un mois ; c'était le Congrès de la Paix. Il y avait là des Européens et des blancs de toutes nations. A un moment donné on vit monter sur l'estrade, très modeste et très poli dans sa robe de soie et avec sa natte dans le dos, un jeune Chinois, le jeune Chinois venait parler aux Européens et aux blancs ; avec une légère ironie, il leur disait : « Nous étions le peuple le plus pacifique du monde, nous étions plus que pacifiques, nous méprisions les guerriers. Qu'avez-vous fait de nous? Vous nous obligez maintenant à nous défendre, vous nous obligez à devenir, nous qui sommes vos ancêtres en civilisation, aussi sauvages que vous ».

Il y avait à Lucerne un jaune, un de ces jaunes que les Russes, alliés à la République Française, noyaient à Blagovestchenk, attachés par leur natte ; je peux parler à nos autres frères qui sont ici....

Une Voix. — Nous n'en sommes pas responsables!

M. Pierre Quillard. — A nos autres frères qui sont ici, mais pas à vous, Français qui n'êtes pas Francais, qui n'êtes peut-être pas un homme. Je parle à mes frères nègres, il y en a ici ; personne ne leur a parlé ; une grande partie de l'assemblée n'est point française ; il y a ici des gens de couleur ; il y a des mulâtres, je vois des personnes aux yeux bridés ; je vois des malais et d'autres avec un petit turban noir sur la tête, peut-être des parsis, des gens de rien au gré de beaucoup de blancs ; ce sont mes frères, c'est à ceux-là que je parle!

Tout à l'heure on nous disait qu'il y a dans la presse française une indifférence pour les choses coloniales, une indifférence pour les crimes qui se commettent au Congo ou ailleurs. Il n'y a pas d'indifférence, il y a quelque chose de pire, il y a l'apologie, il y a la glorification de ces crimes. Je ne veux rien dire de personnel, je ne citerai que des noms historiques, il y a la glorification du commandant Marchand.... (*Une Voix :* Vous sortez du sujet).... Je ne sors pas du sujet.... (*La même Voix :* Pas de politique).... Je ne fais pas de politique; je vais vous en donner la preuve : il existe une correspondance d'un membre de la mission Marchand qui n'a jamais été démentie par le chef qui la trouve excellente parce qu'il a participé à ces crimes. Dans cette correspondance, — mon maître, M. Viollet a dû rappeler d'ailleurs, en plein Institut, des faits à peu près semblables — on peut lire en substance : « Oui, nous avons pu circuler en Afrique, mais c'est très difficile, très ennuyeux, il faut tuer les nègres parce que les nègres se sauvent quand on les oblige à porter ». N'est-ce pas, Monsieur, qu'il faut les tuer (*Mouvements*). Connaissez-vous cette correspondance? (*La voix précédente :* Et vous, Monsieur?). Je la connais par ce qu'elle a, comme je l'ai dit, été publiée et jamais démentie. (*La même voix :* Veuillez ne pas considérer comme une interruption une simple réflexion....) Je vous pose une question très simple : connaissez-vous cette correspondance ?

M. Frédéric Passy — Exposez vos idées, et n'engagez de dialogues avec personne.

M. Pierre Quillard — Je continue sans engager de dialogue. Je cite ici une correspondance publiée depuis fort longtemps et qui n'a jamais été démentie. J'ai dit que la presse française est plus qu'indifférente ; à part Rouanet, à part quelques autres, on se tait, on nie les crimes quand on ne les exalte pas, parce que les gens qui ne sont pas d'avis que ces crimes sont des choses admirables, sont des citoyens à la fibre molle, des citoyens à la fibre molle, non seulement comme le disait mon maître, M. Viollet tout à l'heure, quand il s'agit des nègres qui sont parait il une race inférieure, mais quand il s'agit d'Arméniens ou de Macédoniens... Je pourrais citer un nom que je ne veux pas donner, le nom du rédacteur d'un journal français, la *Liberté*; je ne l'ai jamais vu et ne le connais point, c'est le même homme qui est allé en Macédoine faire une enquête et qui a déclaré que le sultan traitait en somme ses sujets avec la plus grande mansuétude *(Exclamations)*. (*Plusieurs voix:* son nom ?) Je puis vous dire son nom, il s'appelle M. Maurice Gandolphe, et dernièrement il accusait de basse sentimentalité ceux qui dénoncent les crimes coloniaux et déclarait qu'après tout il y a les nègres et puis des gens qui ne sont pas des nègres !

Et c'est malheureusement un état d'esprit qui est fréquent, même chez des personnes comme nous sommes tous ici, qui sont, ou qui se croient, animés de sentiment d'humanité. C'est pourquoi il y avait dans ma bouche une simple question de protocole ; j'ai dit : Monsieur le Président ; je vous ai demandé la permission de m'adresser à mes frères de toutes peaux et de toutes couleurs. Je crois que nous, les blancs — et les blancs cela veut dire bien des choses, puisqu'il parait même que les juifs ne sont pas de la même couleur que nous — moi, blanc, qui fus baptisé catholique et qui n'ai rien gardé de cette religion ni d'aucune autre, c'est en tant qu'homme d'une race soi-disant supérieure et évoluée, que je voulais ici faire ce que faisaient les premiers chrétiens, une sorte de confession publique et demander à mes frères d'autre peau et d'autre couleur, de bien vouloir nous pardonner les crimes que nous avons commis envers eux (*Applaudissements*).

DISCOURS DE M. LAGROSILLIÈRE

Citoyennes et Citoyens,

J'arrive du Congrès de Chalon-sur-Saône pour vous présenter tout d'abord des excuses de notre ami Tarbouriech retenu au Congrès et pour vous dire que le prolétariat socialiste réuni dans ses assises politiques n'aura pas voulu se séparer sans flétrir les crimes du Congo, sans demander aux élus du parti socialiste d'aider Rouanet à faire la pleine lumière sur les crimes, à demander la condamnation des criminels et à rechercher toutes les responsabilités.

J'en profite pour dire que, moi qui suis de la race opprimée, moi qui suis de la race noire, moi qui suis des accablés, des meurtris, des massacrés, je suis désolé d'avoir entendu tout à l'heure des paroles de découragement. Que l'on sache bien que si nous avons toujours eu à travers notre tristesse, notre deuil, assez de fierté pour ne pas douter de nous-mêmes, nous avons eu aussi assez de connaissance de l'histoire de France pour ne pas douter de la France (*Applaudissements*). Le pays qui a émancipé la race noire dans le bel acte de 1848, se réveille à coup sûr aujourd'hui étonné des crimes qui s'accomplissent en son nom. Mais il suffit de dénoncer ces crimes à l'opinion publique pour que personne ne puisse dire que cela peut continuer. Il faut que cela cesse et cela cessera.

Tout à l'heure on parlait des juifs. Laissez-moi vous dire que les nègres, les mulâtres se sont dressés comme un seul homme au moment de l'affaire Dreyfus pour protester pour la justice, pour protester pour l'innocent accablé (*Vifs applaudissements*).

Mais, toutes les aberrations sont possibles en matière coloniale. Nous avons vu l'autre jour un juif oublier qu'il était sorti du ghetto où il était méconnu et accablé comme nous, monter sur des échasses pour regarder la plaine humaine et essayer de découvrir des races inférieures et supérieures... (*Rires*).

Bien que nous ayons eu cette douleur, nous espérons que toutes les minorités de la France, la minorité protestante, la minorité juive, toutes les minorités accablées, comprendront qu'elles sont solidaires de la minorité noire, minorité légale du moins — et que tous se dresseront avec nous pour protester au nom de l'humanité (*Approbation*).

Il ne suffit pas, citoyens, de dénoncer les crimes, il ne suffit pas de flageller les criminels et de les condammer, il faut chercher le remède. Le remède pratique est dans la Déclaration des Droits de l'Homme et du Citoyen ; il est dans les traditions de la France, il est dans la politique de la France ; il est donné par l'exemple de ces Antilles où le prolétariat noir a été appelé à la dignité de citoyen, et où le prolétariat noir est resté digne de la liberté et de la France.

Nous demandons, comme nous le demandions à l'Association Internationale pour la Protection des Travailleurs, avec notre éminent maître Viollet, tout d'abord que l'on place à côté des administrateurs, à côté des fonctionnaires de tous ordres, à côté même des gouverneurs des colonies, des fonctionnaires, indépendants mêmes du Ministre des Colonies, nommés par le Conseil des Ministres, et chargés de défendre les intérêts matériels, intellectuels et moraux des indigènes. Nous demandons ensuite qu'au lieu d'envoyer des nuées de fonctionnaires parasites dans les colonies, on y envoie des éducateurs. Que, dans chaque coin de la brousse il y ait un instituteur, un apôtre. Que l'on accorde aussi aux indigènes un droit de suffrage restreint, basé non pas sur le cens, non pas sur leur capacité économique, mais sur leur capacité intellectuelle et leur instruction. (*Une voix* : Vous ne l'aurez pas!). Pas de pessimisme. Je sais que c'est par la volonté des révolutionnaires dont je suis que les progrès s'accomplissent, et, dussions-nous faire une révolution dans les colonies, nous y parviendrons.

Nous demandons cela et nous demandons surtout que cette école Coloniale, qui a été fondée, non pas seulement pour enseigner à nos jeunes gens l'histoire et la géographie, mais ce qu'on a appelé le système colonial français, nous demandons que cette école coloniale cesse d'être une école de négrophobie. Il y a huit ans il y avait à la tête de l'école coloniale des hommes qui osaient devant des citoyens français de couleur, dire que ceux-ci ne devaient pas entrer dans la section indo-chinoise par exemple parce que les Annamites avaient le préjugé de race.

Nous avons vu les mêmes doctrines se dresser devant nous à l'Association Internationale pour la Protection des Travailleurs ; nous avons vu des hommes, des antisémites, ils en avaient bien la tête (*Rires*)... demander que l'Indo Chine soit fermée aux hommes de couleur parce qu'il paraît que les Annamites ont le préjugé de race... Nous en sommes en effet à ce degré d'aberration que les gens de couleur eux-mêmes, ont le préjugé de race (*Rires*). Nous avons répondu tout simplement que personne en France n'ose demander que l'on n'envoie pas des fonctionnaires juifs dans les régions de la France où il y a des antisémites, et que nous ne pouvions pas faire de distinction entre les citoyens français.

Les antisémites sont partis et ils ont laissé les hommes de sens et de pensée continuer à délibérer.

Citoyens, les hommes de sens et de pensée unis aux hommes d'action continueront à agir et nous aurons, vous entendez bien, la pleine émancipation, la pleine liberté ; et ce sera l'honneur de la race noire de ne se souvenir de son esclavage d'hier que pour travailler à l'émancipation totale de l'humanité dans le socialisme international (*Vifs applaudissements*).

DISCOURS DE M. CHASTAND

DIRECTEUR DU *Signal*

Citoyennes et Citoyens,

En prenant la parole dans cette assemblée, je ne veux pas me laisser aller au découragement. L'assemblée que nous avons devant nous aujourd'hui nous montre que nous allons au-devant du succès et que nous forcerons le gouvernement et les ministres à marcher dans la voie de l'affranchissement et de la liberté des indigènes aux Colonies.

On m'a demandé de vous entretenir surtout, — je ne serai pas long, — des abominations qui se commettent à Madagascar,

Ce n'est pas seulement au Congo que l'on accable les indigènes d'impôts et de corvées ; ce n'est pas seulement au Congo qu'ils meurent par milliers, c'est sur cette belle terre de Madagascar ; c'est là que règne un régime de terreur qui, grâce à un cabinet noir admirablement organisé, n'a pas pu parvenir à notre connaissance. Mais, il a suffi d'un instant, du rappel du gouverneur pour qu'immédiatement, nous apprenions le soulèvement d'une partie de l'île. Et quelle était la cause de ce soulèvement ? Encore un abus de pouvoir : c'était un blanc qui s'était approprié, par le droit du plus fort, la femme d'un malgache. Et ces hommes qui ont peut-être plus que beaucoup d'entre nous le sentiment du devoir, du droit et de l'honnêteté, s'étaient révoltés. C'est l'explication du soulèvement qui vient d'avoir lieu.

Il faudrait renoncer à ce système de conquête par la force. Si nous ne colonisons que pour abrutir les nègres, périssent les colonies plutôt que le renom de la douce et belle France !

Mais, il n'en sera pas ainsi ; nous forcerons nos concitoyens et les pouvoirs publics à reconnaître que la Déclaration des Droits de l'Homme n'a pas été faite seulement pour les blancs, mais que les nègres doivent aussi en bénéficier, et que l'esclavage qui a été aboli officiellement, ne peut plus être perpétué officieusement dans les colonies.

Que dis-je, non seulement l'esclavage existe, mais il est encore doublé, à Madagascar, de la torture et de la question. Nous apportons à Madagascar les procédés de l'Inquisition. Quelques faits :

Les nègres peuvent à peine réunir dans le courant d'une année, après un labeur sans trêve sur les placers ou les chantiers des chemins de fer, 100 francs ; sur cette somme, on fait payer à certains d'entre eux jusqu'à 40 et 50 francs d'impôts. Un pauvre aveugle, accompagné de son fils qui était son unique soutien, a dû payer 73 francs d'impôts. Comme il ne pouvait les payer, on s'est cotisé et l'on a pu, grâce à cela, permettre à ce pauvre vieux d'achever ses jours dans sa cahute avec son unique enfant.

Si les Malgaches ne paient pas, on recourt à la torture. Dans certains endroits, on a obligé les indigènes à payer les impôts en les mettant dans l'eau jusqu'à la bouche ; quand ils ne pouvaient plus respirer, ils faisaient un signe et on les enlevait en leur prenant le peu d'argent qu'ils avaient économisé dans l'année au prix de souffrances inouïes. Une autre fois, un indigène a été plongé dans une fosse d'aisance, parce qu'il se refusait à donner un argent qu'il n'avait pas ; un jour on a mis une pierre sur la poitrine d'un indigène et on ne l'a retirée que quand ses amis se sont cotisés pour payer l'impôt qu'il devait au gouvernement.

Est-ce comme cela que l'on colonise ? (*Une voix :* On n'a jamais colonisé autrement). Ce système doit finir, il ne faut pas que nos colonies soient livrées à des trafiquants qui veulent gagner vite et à tout prix de l'argent et qui, partout où ils passent, font la solitude. Nos colonies ne doivent pas être livrées à des satrapes au petit pied ou à des potentats imbéciles qui pensent qu'il n'y a d'autre loi que celle du plus fort ; nos colonies ne doivent pas être livrées à des soldats qui parfois, par amour du galon, et pour le conquérir rapidement, sont allés aux colonies fomenter des révoltes, afin d'avoir ensuite le mérite de les apaiser dans des flots de sang, en massacrant les femmes et les enfants et en incendiant les villages.

Il ne faut pas que le bon renom de la France continue à être terni. Nous avons à nous humilier à cet égard, nous, les Français, comme les Belges, les Allemands et les Anglais.

On va nous dire peut-être que nous faisons ici une œuvre antipatriotique et anticoloniale. Comment ! Parce que nous sommes assurés que l'on peut coloniser autrement que par l'épouvante et que la patrie des Droits de l'Homme doit régner par la justice et ne pas terroriser les populations, on nous dit que nous ne sommes pas des Français ! Je sais bien que nous allons peut-être troubler quelques-uns de ces trafiquants qui comptent, en traitant ainsi le Congo, nous laisser une solitude alors qu'ils auront empoché les bénéfices.

Il faut que ces choses finissent et que l'on ne puisse dire de la France le mot que citait Paul Bert quand il disait : « La colonisation développe le goût de la matraque ». Il aurait pu, après les scandales du Congo, ajouter : la colonisation développe le goût de la chicote, — cette chicote que l'on a niée, que j'ai eue entre les mains et avec laquelle il suffisait de frapper un nègre pour lui fendre la peau comme avec un rasoir, ou bien pour le tuer en la prenant par le petit bout. Ce n'est pas avec cela que l'on peut coloniser.

Nous sommes, nous les frères aînés ; les nègres sont nos frères cadets, nous leur devons la protection ; ils doivent avoir confiance en nous.

Puisque le ministre des colonies néglige le devoir d'appuyer et de défendre ceux qui sont ses sujets, notre devoir est, par une protestation continue et inlassable, de l'y contraindre, lui qui, timide et timoré, craint de sévir pour ne pas froisser certains intérêts qu'il ne connait que trop.

Oui, c'est à nous de prendre des résolutions assez énergiques pour que, à partir du moment où nous protestons ici, il puisse appliquer enfin, aux colonies, le seul régime qui leur convienne, un régime de justice et de liberté qui ne déshonore pas notre pays : notre noble France doit être et demeurer un pays compatissant, généreux et fraternel (*Applaudissements*).

DISCOURS DE M. ALCIDE DELMONT

AVOCAT A LA COUR D'APPEL

Mesdames, Citoyens,

Je suis heureux de prendre la parole à cette réunion pour pouvoir remercier sincèrement la Ligue des Droits de l'Homme et le Comité de Défense des Indigènes d'avoir bien voulu s'unir pour réaliser le meeting de ce soir.

Il fallait, après l'admirable campagne de Rouanet, montrer au gouvernement que son idéal d'absolu silence n'était pas réalisé et que l'opinion publique, étant saisie des faits qui lui étaient dénoncés, saurait exiger la sanction, la réparation des fautes qui avaient été commises. Et, pour réaliser l'admirable manifestation à laquelle vous vous êtes associés, la Ligue et le Comité ont agi avec un dévouement absolu. C'est que, bien qu'en pensent nos *coloniaux*, qui prétendent ne s'occuper que de questions pratiques, que des côtés pratiques de la colonisation, il y a encore en France des hommes qui croient à l'utilité d'être humains avec les indigènes, il y a encore en France des hommes qui pensent que dans les contrées où végètent des races retardataires, on n'a pas le droit d'apporter seulement le despotisme.

Ah ! les *coloniaux* nous traitent volontiers d'idéologues lorsque nous formulons ces simples principes qui sembleraient pouvoir concilier tous les esprits. Idéologues si l'on veut ! mais nos idées sont les mêmes que celles de ces grands Français qui, secouant d'un geste libérateur tout un passé féodal d'oppression, c'est-à-dire d'inégalité, ont dit au nom de la France, que tous les hommes sont égaux. Idéologues si l'on veut! mais comme ces autres Français qui soixante ans après les premiers, dont ils déduisaient la pensée, ont proclamé que tous les hommes étant libres, nulle terre française ne pourrait porter d'esclaves ! (*Applaudissements*).

Voilà l'ancienne conception, la vôtre, qui a fait que l'indigène, que l'habitant de nos anciennes colonies est indissolublement attaché à la France républicaine.

Nos coloniaux pensent tout autrement. Que leur importe la civilisation? Tous ces penseurs sont gens gênants pour les affaires, et ils proclament volontiers dans leurs discours et leurs écrits : nous sommes des gens pratiques qui répudions toute sentimentalité.

Si cela était dit de la sentimentalité excessive, génératrice de faiblesse et de défaillance, on pourrait l'admettre, mais la sentimentalité, d'après nos coloniaux, consiste uniquement à ne pas vouloir admettre la théorie des races inférieures, à ne pas vouloir admettre que les indigènes peuvent être forcés au travail, même à coup de chicotte, et que le refus de travailler doit être puni, non de la peine de mort, mais de toutes sortes de tortures qui tuent plus cruellement, mais aussi sûrement que les instruments de M. Deibler.

Au Congrès colonial français, qui représente l'esprit même de ceux qui ne voient dans la colonisation qu'un moyen de réaliser des bénéfices immédiats, c'est la tendance que certains veulent donner à notre politique coloniale. De telle façon qu'il faut bien noter que si le soleil produit parfois des déviations, la tâche du climat est singulièrement facilitée par les théories pernicieuses des journalistes, des financiers qui se prétendent des coloniaux et qui veulent donner cette direction à notre politique coloniale. Je ne veux pas dépasser ma pensée, mais cette direction déshonorerait presque des réunions comme le Congrès Colonial s'il faisait de cette théorie le principe même de son existence. C'est que beaucoup de nos coloniaux ont renoncé depuis longtemps à tout idéal de justice et d'humanité, pour ne voir que le résultat pécuniaire immédiatement réalisable. Que leur importent les villages brûlés, les femmes et les enfants mourant dans les camps d'otages, que leur importent les malheureux tués à coups de chicotte ou dynamités, ou succombant à la fatigue d'un portage excessif, le long de routes dont le voisinage est déserté par les populations, pourvu que les colonies taillables à merci les fassent vivre, eux, ces exploitateurs de la colonisation.

Il fallait protester contre ces théories contre les résultats qu'elles ont produits. Et ici j'ajoute un mot qui n'allongera pas mon discours ; je dis et je crois sincèrement que notre effort, que notre manifestation, ne peuvent être stériles, qu'il peut sortir quelque chose de réel, quelque chose d'humain et de bienfaisant de ce geste que nous faisons; je dis que la France ne s'est jamais solidarisée avec les négriers et avec les massacreurs (*Applaudissements*). Il fallait protester contre cette intervention d'un ministre de la République, qui, sous prétexte qu'il s'agit de noirs viole les principes de notre constitution, viole les principes de notre droit commun et déchire notre charte constitutive, la Déclaration des Droits de l'Homme, ne dit-elle pas que tous les hommes étant libres et égaux doivent être traités de la même façon ? Car enfin, il en est bien ainsi puisque, des crimes leur étant signalés, les pouvoirs publics restent impuissants, et semblent couvrir les criminels en nommant des commissions bizarres et en appelant à les composer des hommes qui sont mis en accusation publique... (*Une voix* : pas tous) non certes pas tous ! Je ne veux pas faire de personnalités mais rappelez-vous ou lisez si vous l'ignorez un discours qui a été prononcé le 2 février dernier à la Chambre des Députés par M. Lucien Hubert dont la présence nous manque ; il est la preuve de la vérité de l'affirmation que je vous apporte.

Eh bien cela ne peut pas durer. Nous sommes ici pour protester contre ces moyens de gouvernement et nous vous demanderons, Mesdames et Citoyens, de vous unir à l'ordre du jour qui va vous être présenté pour dire que cet état de choses ne peut continuer, qu'il y a une sanction qui est la justice, que lorsqu'un crime est commis en quelque point que ce soit, il y a un droit pénal et un Code d'instruction criminelle, qui étant en vigueur doivent être appliqués. C'est pour le rappeler aux ministres et au gouvernement que nous sommes ici, et l'obliger ainsi à agir suivant les principes mêmes de tout notre droit (*Applaudissements*).

DISCOURS DE M. ÉMILE BARBÉ

ANCIEN CONSEILLER DES COURS D'APPEL COLONIALES

Messieurs, quand j'étais magistrat en Algérie ou aux Colonies, je m'inquiétais fort du budget de la famille arabe, ou du ménage canaque. Ce genre de soucis est inconnu dans les bureaux des Ministères. On ne s'y occupe que des électeurs. Les indigènes, qui n'ont pas le bulletin de vote, sont purement et simplement abandonnés à la merci des Blancs qui l'ont : « *non tam viles quam nulli sunt* », disait le droit romain des Esclaves.

Cette devise la République Française l'applique — vous venez de voir comment — ! aux Noirs du Congo. Ses fonctionnaires civils ou militaires : — Voulet ou Gaud, Chanoine ou Toqué — n'ont certainement pas reçu pour instructions de pratiquer le sadisme et le massacre, soit ; mais ils ont été gouvernementalement investis du pouvoir absolu sur des indigènes non-électeurs, dont le pays, découpé en concessions, a été distribué à des électeurs.

Quand tel est le point de départ, on peut dire avec Quételet : « *l'État a préparé le crime ; et le délinquant ne fera plus que l'exécuter.* »

Messieurs, j'étais je ne sais où aux antipodes, quand il y arriva une grande nouvelle : les Colonies, séparées de la Marine, étaient rattachées au Ministère du Commerce et de l'Industrie. Cette révolution bureaucratique eut là-bas un succès prodigieux... de ridicule. « Après tout, » — dirent en manière de commentaire les politiques d'outremer — « il leur reste tant de temps dans les bureaux du Ministère ! ! Et quand ils ne s'amusent qu'à des choses pareilles... »

Je fus certainement le seul à m'alarmer ce jour-là.

Il faut vous dire, pour vous faire comprendre mes scrupules, qu'après avoir été arabophile en Afrique, j'étais devenu canaquophile en Océanie. Dès lors, il était naturel que je visse tout un programme dans le passage des Colonies au Commerce : celui de l'exploitation de l'indigène par le pouvoir absolu au profit de l'argent.

J'avais vu juste.

C'est à ce moment là, en effet que, dans les milieux gouvernementaux, on entendit parler de Colonies à chartes, — de concessions par millions d'hectares ! ! Dupleix était à la mode.

Je songeais, moi, à Warren Hastings.

Donc, le Congo fut loti en lambeaux immenses ; et ces lambeaux, concédés à des capitaux anonymes.

Et on s'étonne des crimes actuels, qui nous déshonorent dans toutes nos possessions d'Afrique ! !

Ils sont un produit du système ; et les poursuites contre Gaud et Toqué sont, en réalité, des illogismes.

Revenons aux budgets familiaux des bons sauvages, dont je m'inquiétais au milieu des colons, et au grand scandale de ces derniers. Eh bien ! Le budget d'une famille canaque est de quelques francs. Et celui d'une famille congolaise aussi.

Lâchez au milieu de ces populations misérables des traitants... donnez à ces traitants Chanoine pour éclaireur... et Toqué pour grand chef civil : que se passera-t-il, je ne dis pas, possiblement, je dis nécessairement ?

Chanoine voudra de l'avancement dans la Légion d'honneur et le grade. Pour arriver à ses fins, il a besoin de gloire. — Imaginez qu'il tombe dans la plus pacifique des tribus, et qu'elle le reçoive les bras ouverts. Ce ne sera pas là le compte de Chanoine : il lui faut des faits de guerre.

Comptez-vous sur les scrupules de sa conscience ; et vous imaginez-vous que les faits de guerre lui manqueront longtemps ?

Passons, maintenant, au grand chef civil, et disséquons sa psychologie. — Il a deux camps d'administrés. Un camp de nègres qui ne sont pas électeurs ; qui sont sans influence au ministère, par conséquent ; quantité négligeable, s'il en fut jamais pour l'administration ; — et un camp de quelques blancs, représentants de capitaux métropolitains, soutenus énergiquement par les députés maritimes et par les hommes de bourse ; camp tout puissant dans les bureaux, maître de la presse qu'il couvre d'argent.

Vous imaginez-vous le grand chef civil restant en suspens ?

Messieurs, croyez-le plus avisé : ce ne sont pas les arrivistes qui manquent chez nos coloniaux, et tous ne savent pas résister au langage de l'intérêt personnel. — Donc, notre préfet congolais raisonnera ainsi : « Le gouvernement a disposé du pays de mes « administrés noirs en faveur de mes administrés « blancs. C'est sans doute pour que ces derniers « fassent leurs affaires. Comme mes nègres n'ont « pas le sou, il faut pour amasser sur leur dos, et « du soir au lendemain, laisser tout faire : je ferme « les yeux, qu'on fasse tout ! »

Heureux s'il n'ajoute pas : « Et que je prenne « mon honnête courtage ! »

Quel danger, Messieurs, que la maxime *enrichissez-vous* donnée à des blancs, embusqués derrière des capitaux, et lâchés sur une horde de sauvages noirs, privés d'avocats, dénués de ressources, dans des pays sans opinion publique ! ! ! Le Dividende n'attend pas ; et pour en donner, de quoi sont capables, je vous le demande, les représentants de cette chose effrayante : l'Argent ?

Le système des Concessions ne pouvait produire de résultats immédiats et honnêtes, que si le pays concédé avait eu de ces ressources actuellement réalisables, telles qu'en eut l'Australie de la première heure, ou la Californie de 1848. Mais le Congo n'en a pas d'appréciables en ce genre. Les populations ne possèdent aucune avance ; et les richesses naturelles du pays demandent, pour leur exploitation, des capitaux étrangers immenses et un temps considérable. Le Congo peut avoir, a même, à mon avis, du lendemain. Il n'a de présent que par des crimes. Crimes qui sont même des fautes ; chose que Fouché et Talleyrand ne pardonnaient pas. Ils sont des fautes, dis-je ; car, ils détruisent la population noire ; c'est-à-dire ce grand capital humain que les destructeurs sont inhabiles à remplacer ; capital sans lequel toutes les régions interdites à la race blanche par le climat ne vaudraient pas un sou.

Telles sont les raisons pour lesquelles je dénonce le système des concessions des terres domaniales du Congo. Ce système est la cause lointaine parfois, mais réelle, de tous ces crimes abominables qui nous humilient en face de l'Europe, et mettent la République en contradiction honteuse avec ses propres maximes d'Etat.

Si vous estimez, Messieurs, que je suis dans le vrai, je vous adjure de protester contre le principe de toute concession domaniale aux colonies, qui n'aurait pas pour point de départ le respect absolu et *réel* de la propriété indigène. Je dis : *réel;* car, dans les cahiers des charges, on a soin d'insérer des réserves feintes, qui ne sont que des précautions oratoires contre les réunions analogues à la nôtre d'aujourd'hui. La vérité est qu'en règle générale le régime des concessions domaniales est inapplicable aux pays habités, sauf des cas spéciaux tels que celui des mines, et à supposer qu'on ait de la main-d'œuvre pour les faire valoir ; mais en ce qui concerne le Congo, il y a fait ses preuves : et c'est ce que je vous demande de déclarer énergiquement aujourd'hui (*Applaudissements*)

ALLOCUTION DE M. FRÉDÉRIC PASSY

Mesdames et Messieurs,

Permettez-moi de vous remercier. Cette assemblée si nombreuse, malgré quelques vivacités de langage qui ont pu déplaire à l'un ou à l'autre, malgré quelques dissentiments dans l'assistance, a su respecter la liberté de la parole et montrer que l'on peut aborder franchement les questions les plus brûlantes quand on le fait avec convenance et avec sincérité. C'est un bon exemple que vous avez donné. Il faut apprendre à tout dire et à tout entendre ; et il faut savoir, après avoir tout écouté, formuler nettement son opinion. C'est ce que nous vous demandons de faire en votant un ordre du jour qui n'est autre chose que l'affirmation du respect de la liberté et de la justice à l'égard de tous les hommes, de quelque couleur et de quelque race qu'il puissent être et dans quelque pays qu'ils aient été appelés à vivre et à souffrir. Vous allez en entendre la lecture.

ORDRE DU JOUR

M. Alcide Delmont donne lecture de l'ordre du jour qui est ainsi conçu :

L'Assemblée, profondément émue par l'exposé des illégalités et par le récit des iniquités et des crimes dont plusieurs colonies sont le théâtre,

Adjure le gouvernement de faire respecter dans toute l'étendue du domaine colonial les principes fondamentaux de la Justice et du Droit, de déférer aux tribunaux tous crimes commis contre les indigènes en pays colonisés, en pays protégés et en pays explorés.

Mise aux voix, cette résolution est adoptée à l'unanimité. Trois mains seulement se lèvent à la contre-épreuve.

TABLE DES MATIÈRES

Paris. — Imp. G. Jeulin, 14, rue Vivienne. — Télép. 261-09

www.ingramcontent.com/pod-product-compliance
Ingram Content Group UK Ltd.
Pitfield, Milton Keynes, MK11 3LW, UK
UKHW021153220726
13924UKWH00003B/1126